# 孤獨與使命
# 先於天下的政治家之路

開國元勳 ✕ 憲法起草人 ✕ 政黨創立者 ✕ 常任國務卿

## 人們未必記得住名字，他們的功績卻惠澤後世！

阿爾伯特·哈伯德 著

王瀠萱 譯

Little Journeys To the Homes of American Statesmen

推動民主憲法、起草獨立宣言、宣導現代經濟……
立下不朽功勳的偉人，以服務國家為己任！

「世界不會注意或長久記憶，我們在這裡所說的，但永遠不會忘記他們在此所做的。
我們生者，更是應該奉獻我們自己，去繼續他們取得了壯麗的進展卻尚待完成的工作。」

# 目錄

# 出版者言

阿爾伯特・哈伯德已經去世，或許我們應該說，他順著他那偉大的小旅程走向了來世。然而他的智慧已在這個時代扎根、成長，永遠鮮活，為後人銘記。

為了使今天這些阿爾伯特・哈伯德的經典之作能夠面世，我們已準備了十四年。從 1894 年，《拜訪世界名人之旅》(*Little Journeys to the Homes of the Great*) 這套叢書開始寫作起，這十四年來的每個月，我們都把這些令人景仰的文字奉獻給世界，從無間斷。這些珍寶般的文字已被奉為經典，並將永世流傳。累積下來，共有一百八十篇，帶領我們造訪那些變革了時代、創造了帝國甚至打下文明烙印的人類傑出者。透過哈伯德，這些不朽的豐功偉績和燦爛思想展示在我們面前，並且將在未來世紀中不斷迴響。

普魯塔克 (Plutarch) 曾為希臘與羅馬名人作傳，寫下了四十六部作品，哈伯德的系列作品同樣是關於偉人們，在這個領域，他們倆都取得了無人能及的成就。這些偉大的作品，在現代文明第一縷曙光出現在地平線之前，就已奉獻給了世人。普魯塔克用一個微小的瞬間、一個簡單的詞語，或是一個無傷大雅的俏皮話，就揭示了他筆下傳主的功過是非，古典著作中

# 出版者言

沒有哪一本可以如此穿越時空，來到我們身邊，也沒有哪一本給予世界領袖人物如此重大的影響。誰能夠數清楚，有多少傳記是以這樣的方式開頭：「在他年輕時，我們的主人公總是閱讀普魯塔克的《希臘羅馬名人傳》……」愛默生曾說：「所有的歷史都很容易被分解為一些勇敢堅定、熱誠認真的人物的傳記。」他在說這句話的時候一定想到了普魯塔克的傳記——它塑造了二十世紀這些偉人。

普魯塔克生活在聖保羅時期，他記載了早期的希臘人與羅馬人。兩千年後，哈伯德出現了，他的作品宛如一座直通古雅典的橋梁，把伯里克里斯（Pericles）的黃金時代與愛迪生的美國時代連接起來。他運用他的生花妙筆，造訪了諸多已逝的大師，並激發出如泉湧般的靈感。

休·查莫斯曾經評論道，若他要做一本關於美國的藍皮書，他可能會把阿爾伯特·哈伯德的著作表印刷出來即可。無論我們是否贊同這個權威的觀點，但這位不朽的人物在他的一生中，與任何其他美國作家相比，他那枝奇妙的筆，確實激勵了更多的出類拔萃的心靈。優秀的作家研究揣摩哈伯德的風格技巧：無數人在疲憊的工作之餘，打開他的書，尋覓智慧的火花。說實在的，此君揮舞著他的筆，如同天使揮舞著神杖。

他不僅作為一名作家顯示出讓我們讚嘆景仰的才華，在其他領域也非常出色。他一手創立的羅伊克洛夫特連鎖店，反映了美國最有能力、最敏銳的商人所能達到的成就與聲望。整

個行業都將看到，哈伯德身為創立者，為羅伊克洛夫特帶來了高度原則性與系統性，從而具備了強大的實用性。這不僅能從書籍印刷中體現，更能從他傾注了心血的平臺上體現。在此，我敢說，身為一位公共演說家，他比其他同行吸引了更多的聽眾，鼓舞了更多的人。有人曾驚訝地問，這個非凡的人，從哪裡得到這麼多靈感，來完成他偉大的著作？這裡面沒有祕密。它源自他對那些卓越前人的崇敬與追隨。並且，和普魯塔克一樣，這些小傳記是作者的一樁個人收益，是他對激發出這些作品的高尚情操與靈感的一個總結。

隨著哈伯德令人悲傷的去世，東奧若拉區宣布《腓力斯人》雜誌停刊。哈伯德已經離去，踏上了長長的旅程，也許他也需要他的《腓力斯人》伴隨他同行。再說，還有誰能接過他的筆呢？這種告別，也算晚輩對長輩最好的紀念吧。

同樣的熱忱，也促使了羅伊克洛夫特成員發行了《拜訪世界名人之旅》的紀念版。再沒有更好的方法可以貼切地表達他們對這位創立者的追思，因為這套書對他的智慧成型，有著無與倫比的影響力。如果他能回眸一看的話，必會為此點頭稱許。若需要建一座紀念館的話，不妨讓這套書造福人類吧，他一定會非常樂意與我們分享，因為，正是同樣的歷程，激發了他的靈感。

# 出版者言

# 第一章
## 喬治・華盛頓

George Washington，西元 1732～1799，美國第一任總統，華盛頓這樣德才兼備的人對美國人民是幸運的。翻開南美和非洲各國的歷史，我們可以看到即使是一個以民主憲法開始的新國家，墮落成為軍事專制國家也是易如反掌。華盛頓是一位堅定的領導者，他保持了國家的統一。但卻無永遠把持政權的野心，既不想做國王，又不想當獨裁者。他開創了主動讓權的先例——一個至今美國仍然奉行的先例。

他留下了公平的聲譽，因為那曾經是他的個性⋯⋯在這個悲傷的時刻，我敢冒昧地斷言，對於他的離去，沒有人比我更加感到遺憾，因為沒有人比我更加了解他的價值⋯⋯雖然我可以得到這樣的自我安慰，就是他在世時受到了前所未有的尊重，因此他的離去也讓人倍加感到惋惜。

—— 喬治‧華盛頓

迪安‧史坦利說所有古代神話中的神仙都曾經是人，他認為由人到神的進化是這樣的：普通人變成英雄，英雄再變得半神半人，最後，半神半人再演變成神。人是透過一個緩慢的過程，擺脫了人類普遍的缺陷和弱點，然後便具有了神的特質，宣布脫離人類，消失於天上。

格林奧夫把華盛頓的塑像放在面對主神殿的地方，好像有意無意地詔告人們：人是可以變成神的。

然而人類已經達成這樣的共識：「我只是人。」不再成為道歉時的藉口，我們人類逐漸了解了神的世界。

宙斯讓我們覺得害怕，但對華盛頓，我們卻致以崇高的敬意。那些離我們遙遠的東西不屬於我們：我們不能愛一個神，但我們可以愛一個人。我們了解華盛頓就像我們可以了解任何一個人一樣。我們非常了解他，比和他住在一個王室的人更了解他。我們有他的日記：《我在哪裡以及怎樣度過時光》；我們有他的遊記，有他的帳簿（再也沒有哪個會計比他更辛苦了）；

我們珍藏了他的信件，還有他寫給別人的成千上萬信件的草稿——這些所有的原件都已丟失或被毀壞了。

根據我們的這些珍藏，結合當代歷史，我們可以得出結論：他是一個人——一個了不起的人。從他的帳簿裡，我們知道他經常施贈財物於他人，他借給那些沒有指望還錢的人上千美元；在他親手撰寫的最後的遺囑中，他取消了這些債務，並將遺產贈予許多親戚；他釋放了奴隸，並承擔起對於僕人的應盡的責任。他是一個真真切切的人，他是一個人，因為他有胃口，有野心，有人的欲望。藝術家斯圖爾特說過：「他的所有的特點都顯示出他有最強烈的、最難以控制的熱情，如果他出生在森林裡，他必定是那原始部落中最兇猛的人。」

他一直控制自己的脾氣，就像守衛一座休眠火山，直到他讓自己習慣於溫文爾雅、慷慨大方、神采奕奕，而且簡單真實；在所有這些的背後，我們可以感受到他那堅定不移、始終不渝的決心。

所以，我們這篇文章不是為了表現華盛頓的超人特性，或者華盛頓的與眾不同，而是讓大家了解一個有抱負、有恐懼、有希望，也曾愛過，並勇敢地死去的普通的人。

第一位為喬治·華盛頓寫傳記的作者是威廉姆斯教士。如果你擁有一本威廉姆斯的《華盛頓的一生》，你最好用軟皮紙把它包起來，留給你的子孫，因為說不定以後會升值。威廉姆斯的這本書被印刷了 55 次，其受歡迎的程度在當時無人能及。在

美國文學史上，威廉姆斯是占第一位的。我們感謝他給我們介紹了短柄斧的傳說，一匹小馬在路上受傷而且死去的故事，以及華盛頓青年時期的一些浪漫事蹟。威廉姆斯的文學體裁善於揭示虛偽的邪惡本質，在當時假日學校的課本中掀起了高潮。他搜集了所有的「勵志小故事」，並套上華盛頓的名字，還聲稱是為「年輕人的改良」所寫的，似乎表示年輕的時候我們應該小心地隱藏真實。即使華盛頓可能從未說過謊，但威廉姆斯似乎也沒有因為杜撰華盛頓的小段子而失去什麼。

透過大量愚蠢的說教，他埋藏了真實的華盛頓，描寫的抑或一個自負的、無用的年輕人，抑或杜莎夫人用臘像塑成的全副武裝的將軍。

值得高興的是，我們現在所處的時代不再視威廉姆斯和艾博特這類作家為最終權威了。不是我們拋棄他們，但是，我們更願意保留像塞謬爾·派比斯這樣的為我們的民族帶來歡樂精神的作家。

在過去的日子裡，為了證明華盛頓的「貴族血統」，人們付出了過多的努力 —— 彷彿人的與生俱來的高尚需要一個理由 —— 儘管後來各入殊途，但我們都是上帝的兒子。

貝克的「貴族名冊」也沒有發生任何影響，經過這些年的仔細地、公平地、耐心地考究為華盛頓找到的也只是普通人的血統。

華盛頓自己說他的祖輩的歷史「只是一段很短的時間，是什

麼血統，說真的，我不是很在乎。」

他有一張藏書標籤，在他的四輪馬車門上還有一枚盾形徽章。牧師威廉姆斯先生這樣描述華盛頓的藏書標籤：「銀色的，中間有兩條槓，第二條槓上有三條鯔魚。頂上有一隻展翅的烏鴉，背面有簽名，可能是公爵的象徵。」

瑪麗·貝爾是奧古斯汀·華盛頓的第二任妻子。在奧古斯汀·華盛頓的遺囑裡，這位好男人把他的這次婚姻比作「我的第二次投機」。遺憾的是，他在有生之年都不知道他的這次投機讓整個美國成為了他的債務人。他們的結合對於二婚的人是一個很好的例證。他們一共有四個孩子，當瑪麗·貝爾接管這個家的時候，老大已經成年了。她那時候 27 歲，丈夫比她大 10 歲。他們於西元 1731 年 3 月 16 日結婚，並在次年 2 月 22 日生下了一個男孩，取名叫喬治。

華盛頓一家是平凡、勤勞的貧農。他們住在一座小房子裡，樓下有三間房間，還有一間閣樓，孩子們在閣樓裡睡覺，如果起床時身子直起得太快了頭就會被撞到。

華盛頓的優良特質是繼承自貝爾家庭，而不是華盛頓家族。喬治遺傳了他媽媽健康的體魄，以及來自她內心深處的斯巴達人的美好品德。不論是個人特質，還是精神特徵，他都像極了他的母親。貝爾一共生了六個小孩，但是其他五個都不如頭一個那麼成功。

我前面已經提到過「斯巴達」。對於孩子們來說，母親並不

是軟弱的、多愁善感的。身為一個生活在先驅時代的女人，做飯、紡織、縫補、清洗、做衣服，以及照顧一大家子的生活都是由她一個人承擔。瑪麗·華盛頓的孩子們很聽她的話，她跟他們說什麼事情總要打破沙鍋問到底 —— 而且可能同樣的事情父親也要講一遍。

女孩子穿棉毛織品裙子，男孩子則穿燕尾西服，到了冬天還有帽子和靴子。如果天氣非常冷的話，西服也只是簡單的重複 —— 男孩子穿兩條或三條褲子。

每天早上就是母親第一個起床，而晚上最後一個睡覺。如果哪個孩子睡覺時踢開了被子，或是咳嗽了一聲，她就會爬起來照顧他。不管誰生病了，她不但要照顧他，還要陪著他度過漫漫長夜。

我曾經觀察過以色列的這種堅強的母親，她們願意為了別人獻出自己的一切，只有靠斥責別人來發洩她們的過度疲勞，而我認為，我們應該很樂意賦予她們這樣的特權。華盛頓的母親常常責怪和抱怨她的出生日期。她用抽煙來尋求慰藉。這讓我想起了有位知名的精神病專家最近說過，如果女人適度地抽煙，疲乏的神經可以得到暫時歇息，但緊張的情緒將會是個奢侈的未知數。

華盛頓的所有的勤勉、節儉、和誠實的傳統美德都是受了這位優秀母親的諄諄教誨，她的堅強無疑在兒子的腦海中形成了難以磨滅的印象。

瑪麗‧華盛頓對喬治的判斷持懷疑態度，她從來沒把他當一個成年人看待。在她的眼裡，喬治還只是一個孩子。因此，她有時會喝斥喬治，或者批評他的某些行為，這樣使得喬治心裡很不舒服。在革命戰爭期間，她時刻關注喬治的作戰紀錄：喬治打了勝仗的時候，她也只是笑一笑，說一些「我是這樣教你的」之類的話，然後去塞她的煙管；當喬治被擊退的時候，她從不打擊他，她預言說喬治會當上總統，並且認為「他會比別人都做得好」。

　　母親曾經跟喬治抱怨過她在腓烈德利斯堡的房子；他寫信過去答覆說，她的生活習慣不適合住在摩弗農（譯者注釋：華盛頓住的房子），語氣溫和，簡單明瞭。關於這一點，母親回答說她從來沒有期望或打算住到摩弗農去，並且不管有多急切，她也不會。在她的本性裡有一種優良的堅韌的特質，她對於兒子的成就並不表現出外在的喜悅，但是我們有足夠的證據證明她把自己的一生都繫在了兒子身上。

　　華盛頓很關心他母親的需求，為她提供任何她需要的東西，並且她通常不知道來歷；無論如何她都接受了一切她應得的東西，她那帶點幽默的包容力是非常好的。

　　華盛頓啟程去紐約任職總統的時候，他停下來去看了母親。為了這次見面，母親戴了一頂新的白色鴨舌帽，繫了一條乾淨的圍裙。一位鄰居大媽表示很驚訝，因為他們之前想像「這個了不起的夥計將會帶來一點小意外」。這是母親和兒子是最後

一次見面。當時母親 83 歲，「她的孩子」55 歲。那之後不久，母親就去世了。

塞謬爾・華盛頓，比喬治小兩歲的弟弟，別人這樣描述他：「個子小小的，沙土色的鬍鬚，精明能幹又能言善道。」塞謬爾一共結過五次婚。有時是妻子被他甩了，也有時是妻子甩了他，其中有兩個死了，因此他兩度成為悲傷的鰥夫，不過他能夠很快地讓自己解脫出來。他總是處於經濟困難時期，並常常向他的哥哥喬治・華盛頓借錢。在西元 1781 年喬治・華盛頓在給他弟弟約翰的信中這樣寫道：「我的上帝！塞謬爾怎麼可以讓他自己陷入這麼多的債務當中？」這聽起來有點像塞謬爾・詹森聽到冶金匠欠了四百鎊的時候大喊：「詩人以前有這麼值得信任嗎？」

華盛頓的帳務顯示他共借給他弟弟塞謬爾 2,000 美元，並「不要一分利息」。但是塞謬爾終究沒有償還債務，在華盛頓的遺囑裡，我們發現他客氣且大方地解除了債務。

蘇爾頓・華盛頓是塞謬爾的兒子，在喬治・華盛頓的安排下，在軍隊裡謀到了一份職位；塞謬爾的另外兩個兒子也由華盛頓資助上學。其中有一個男孩曾經逃跑被他叔叔喬治追了回來，並給了他任何需要的東西；但是透過這次追捕少年事件，這位叔叔的心被融化了，離家出走還得到了優待。記載華盛頓的一本報刊顯示，他為他弟弟塞謬爾的孩子花費的費用共計 5,000 美元。

海芮特是塞謬爾的一個女兒，住在摩弗農，然而她與那裡顯然有點不搭調。因為我們發現華盛頓曾經為她的輕佻尋找藉口，說「因為她的成長環境不好，沒有得到很好的調教，而且她從不在意她的衣服，在房間的角落隨處亂丟，只穿那些最好的。她花費的已經夠多了！」

這就像所有的父親，尤其是所有他的窮親戚的父親所做的抱怨一樣。在華盛頓的帳本裡，我們發現了這樣的資料：「海芮特·華盛頓小姐，買結婚禮服，100 美元。」這位偉人寫到這一行的時候很高興，因為這是最後一筆關於海芮特的帳目了。他為海芮特安排了一個美好的婚禮，讓所有的傭人都休假，海芮特和她的不知名的情人從那以後過上了幸福的生活 —— 到目前為止。

從西元 1750 年至 1759 年，華盛頓在前線參軍，離開了摩弗農，並將他的生意全部交給了他的弟弟約翰管理。他和這個弟弟有著深厚的感情。他的弟弟總是稱他「親愛的傑克」。約翰結婚的時候，喬治說：「對你的妻子致以崇高的問候。」並且在後來還說：「我身為叔叔愛你的孩子們。」在一個革命戰爭的夜晚，喬治從紐澤西寫信給他的弟弟約翰說：「願上帝保佑你健康、幸福！在這個世界上沒有什麼比你在我的身邊更好了。」約翰死於 1787 年，這位美國總統這樣簡單地寫道：「對我最親愛的兄弟離去我感到由衷的悲傷。」

布希羅德，約翰的大兒子，是華盛頓最喜歡的侄子。他對

這個男孩的事業很有興趣，並將他安排在費城法官詹姆斯‧威爾遜的律師事務所。他為布希羅德提供資金，並經常寫信給他建議，還有好幾次讓布希羅德陪伴他一起旅行。事實證明，這個男孩完全值得華盛頓對他這樣做，他後來變成一個健康且極富男子氣概的人——是華盛頓親戚中最有出息的一個。在後來的歲月裡，華盛頓常常就有關法律事項徵求布希羅德的意見，並自嘲地說自己是一個「麻煩的、免費的客戶」。在華盛頓的遺囑中，「高尚的布希羅德‧華盛頓」被任命為執行人，還將他的圖書館和私人信件，以及他的一部分財產都留給他。這是緣於他那偉大的、充滿關愛的心，就像父親對兒子那樣的高度信任。

在華盛頓的親戚中，還有一個弟弟叫查理斯，但是我們對他知道得甚少。查理斯是一個平凡、簡單的人。他很努力地工作，以供養一大家子人。在華盛頓的遺囑裡，他回憶了他們所有的人，查理斯有個兒子在華盛頓的請求下被任命為拉菲特的員工。

華盛頓一家中唯一一個像他的是他的妹妹貝蒂。她的臉部輪廓與華盛頓幾乎相同，對此，她很引以自豪。她常常把頭髮盤起來，戴上帽子，以娛樂訪客。貝蒂嫁給了菲爾丁‧路易斯，他們的兩個兒子在華盛頓當總統的時候擔任他的祕書。其中一個兒子勞倫斯‧路易斯與華盛頓的養女，也就是華盛頓夫人的孫女奈莉‧卡斯提斯結婚了。他們夫婦在華盛頓死後繼承了部分的摩弗農。如果有人能搞清楚奈莉‧卡斯提斯的孩子們

和華盛頓的具體關係，那真是一件值得高興的事。

我們對華盛頓的父親知之甚少：他對他的孩子們有什麼特殊的影響我們都不清楚。他去世的時候喬治還只有 11 歲，那以後喬治便與他的同父異母的哥哥勞倫斯住在「狩獵的小河」，那裡他可以去上學。勞倫斯曾經在少將弗農的手下當過兵，因此，為了紀念他的上司，便將自己的房子的名字改為摩弗農。那時候，摩弗農有兩千五百畝寬，大部分被森林覆蓋，只有一間小房子和一個馬廄。這是他們的父親留給勞倫斯的，並且規定勞倫斯去世時如果沒有其他問題就留給華盛頓。勞倫斯結過婚，死的時候年僅 32 歲，留下了一個女兒叫麗德，兩年之後也死了。摩弗農因此傳給了喬治。華盛頓，當時他 21 歲，但是勞倫斯的遺孀也不是沒有提出抗議，最後是用錢打發了她，而沒有上法庭了。華盛頓擁有摩弗農長達 46 年，其中一半的時間他都投身於為國家服務的事業當中。那是唯一被華盛頓稱為「家」的地方，也是他離去的地方。

華盛頓十四歲的時候就完成了學業。對於他的青年時期，我們知道的不多。他並未顯示出早熟，因此鄰居們也沒有理由記錄他的軼事。他們只有義務管他們自己的孩子。華盛頓個子高高的，瘦瘦的，手臂很長，手腳又大又寬，非常強壯。他不但是位勇敢的騎士，還是一位摔角手，而且，因為住在河邊，他成為了所有健康的男孩必須成為的優秀的游泳健將。

他對於印第安人的遊說行動在他 21 歲的時候取得了巨大的

成功，這全歸功於那些土著居民對他的個人敬佩。他被認為是最好的，雖然不自負，但是有一點驕傲。他在公眾場合的穿戴充分顯示了高貴的氣質。印第安人立即認可了他的貴族身份，並且稱他為「村莊的占有者」，還建議他娶一位印第安少女做妻子，封他們為領導者。

當他回到家後，他給他的印第安手下寫信報平安，還給所有的印第安人送去祝福。「告訴他們，」他說，「如果我看到他們不知道有多高興！」

他的願望得到了滿足，印第安人因為聽了他的話，有 50 個人去找他了，並且說：「因為你不能來和我們待在一起，我們就來和你待在一起。」他們在他房子前面的草地上搭起了帳篷，而且「檢查」了他的每一個房間，嘗遍了他們所能找到的所有的威士忌，擅自食用了所有能吃的東西。待他們離開後，所有的棉被都被染成了紅色，只好送給他們每人一床毛毯或棉被。

在華盛頓的一生中，在他的心靈深處，對於女人他有個難以癒合的創傷。在他 16 歲的時候，他就用一個年輕人的嚴肅態度寫道「心靈的傷口無法癒合」。但在後來，華盛頓與女人的相處比與男人相處得更好。與男人在一起，他總是因為與眾不同而不自在，並難以隱藏他的尊嚴背後的不安。但是他知道女人們仰慕他，和她們在一起感到很輕鬆。他第一次去西方的時候，是為了去法國送一個口信，又轉道去拜訪了印第安公主艾莉古巴。在他的遊記裡，他說自己「送給她一條毯子和一瓶朗姆

酒，後者被認為是最好的禮物。」

在他的開銷帳戶裡，我們發現這樣的數目：「招待女士：2先令。」、「給波麗的禮物：5先令。」、「聽音樂跳舞：3先令。」、「在盧牌戲中輸掉：5先令。」事實上，像大多數的美國新教聖公會教徒一樣，華盛頓也喜歡跳舞和玩牌。他最喜歡的遊戲是「盧牌戲」；而一般情況下，他的賭注都很小，與「女士」玩的時候他總是輸，是否是故意或是別的什麼原因，就不得而知了。

在西元1756年，他因為軍隊的事務去了一趟波士頓，在那裡待了一個星期，並在返回的途中去了紐約。在前維吉尼亞人貝弗莉·魯賓遜的房子裡待了一段時間。貝弗莉·魯賓遜的妻子是蘇珊娜·菲力普司，是曼哈頓富人之一的弗雷德里卡·菲力普司的女兒。在這個家裡有一個年輕的女人叫瑪麗·菲力普司，是女主人的妹妹。她比華盛頓大，是一位有教養的，且比華盛頓更懂禮數的女士。這個高高的、年輕的維吉尼亞人，剛從前線踏著敵人的屍體騎著高大的駿馬凱旋。華盛頓竭力想用這些來引起瑪麗的興趣，可惜當時的華盛頓只是對愛情懵懂的小夥子，他誤以為瑪麗自然的好奇心是對他的一種特殊的情感，於是向她表白了，但是卻遭到了委婉的拒絕。

兩年後瑪麗嫁給了羅傑·莫里斯上校，摩弗農也收到了請束。但是時間的推移改變了很多事情。在西元1776年，華盛頓將軍，陸軍總指揮，占領了莫里斯上校公館，上校和他的夫人成為了逃亡者。華盛頓子他的日記中記錄了這次事件：「本來還

在房子裡用餐，然後羅傑‧莫里斯上校的一切都被沒收了，變成了一個普通的農民。」

華盛頓常把他對瑪麗‧菲力普司求愛的失敗歸咎於他太過草率和「沒有等到她心情好一點再做努力」。但是兩年以後我們發現他更加迫切，不過這一次他成功了。這就證明有些事情並不是不可能的。在去威廉斯堡徵詢醫師的路上，華盛頓在丹尼爾‧派克‧卡斯蒂斯夫人的官邸停了下來，作了一個簡短的拜訪──被留下來喝茶，然後他提出了求婚，對方愉快地接受了。我們有一個美麗的鋼版畫，永久地記錄下了這次拜訪，畫中華盛頓的馬兒在焦急地等待著。

卡斯蒂斯夫人是一個有兩個孩子的寡婦。她當時 26 歲，和華盛頓同年，年紀只相差三個月。他的丈夫去世七個月了。在華盛頓的現金帳目上有這樣一筆：「西元 1758 年 5 月，訂婚戒指 16.0。」

這對幸福的夫妻在八個月之後結婚了，華盛頓夫人對她一個朋友說她之所以那麼急著結婚是因為她的財產需要一個男人來打理。我們的行為通常是對的，但是理由卻常常不如行為那麼合理。因為這個寡婦有很多財產，所以「需要一個男人」，但是對於瑪莎‧卡斯蒂斯「無意」選擇的這樣「一個男人」，我們只有表示祝賀。新任的華盛頓婦人擁有 15,000 畝地，大部分在威廉斯堡，有 200 個黑奴，還有一些債券；所有的財產總價值超過十萬美元，這在當時是一筆很大的數目。婚禮結束後，這對

夫婦直接去了摩弗農，帶走了許多的奴隸。過後不久，他們就安排重建房子，開始了發展為現在的豪宅的計畫。

華盛頓的信件和日記裡很少提及他的妻子，並且在到過摩弗農的訪客中，也沒有人煞費苦心地想要測試她的智力或能力。要知道，能夠管理好摩弗農已經能足夠證明她的能力了。在這樣的情況下，將軍還會抱怨「家務事做了沒用，還不如讓東西保持雜亂」。他也有他的喜好。

瑪莎受的教育還不夠寫一封像樣的信，因為我們發現一些需要她來送達的重要公文都是由她丈夫打草稿，而她抄寫的時候會連同拼寫錯誤也一起照抄過去。華盛頓在這一點上很有耐心，即使他是總統並且很忙的時候，我們仍發現他停下來為瑪莎確認「邀請茶會」事宜，還在稿紙的底部附加一些表現虔誠的技巧：「總統讓我向您轉達他的問候，只是很遺憾，因為工作的壓力迫使他不能與您見面。」

在華盛頓死後，他的妻子銷毀了他寫給她的所有信件 —— 有好幾百封 —— 她的這一舉動讓所有人無法忘記，即使人們不再怪罪她。

雖然我們知道華盛頓六歲的時候不會說謊，但是後來他逐漸有了這種「能力」。有一次他寫信給他的朋友說紐澤西的蚊子「可以咬穿最厚的靴子」。有一個當代牧師慌忙為他解釋說他的意思是「女式絲襪」，但是我們還是堅持認為既然是國父說的，就應該保持他的本來意義，是什麼就是什麼。華盛頓還曾經這

樣記錄，「我宣布我 8 點將離開，因為我 5 點馬上要去參加一個私人會面，這樣可以避免人群擁擠。」還有一次他解僱了一個監工，原因是不稱職，為了減輕別人離去的痛苦，他把理由寫成是「性格的原因」。

他在波士頓被任命為軍隊的總指揮的時候，他的首長還擔心他是否能夠與瑪莎和平相處。噢！你嫁給了他？你了解情況嗎？他將不在你身邊一年、兩年，也許三年！他的妻子默默無語。現在，他必須透露這些情況給她。

凱博特‧羅吉和其他歷史學家表示，為了爭奪這個職位引起了很多競爭，但是在經過多番爭吵之後，作為政治交易撥給了南方。華盛頓身為候選人，雖然非常樂意但是有點被動，經過一番努力後，他的朋友給予了他獎勵——為瑪莎做點什麼！在他寫給瑪莎的信中，有一段是這樣的：「我親愛的小傻瓜，請相信我！我用最莊嚴的方式向你保證，我從尋找職位到現在，我都在盡力避免與你分離。」為了與他心中的妻子和平相處而偶爾編造一點謊言，並不意味著他就不是一個好男人。但是「小傻瓜」的反對也只有屈服了，除了一些責怪和各式各樣的抱怨之外，她並沒有做任何事情來阻止丈夫參加戰爭。

在普林斯頓（譯者按，美國紐澤西州地名），華盛頓下令沿著山的陡坡一直點火上去，大約一英里的長度，當火燒得正旺的時候，他命令他的軍隊撤退，行軍至山的另一邊，在大白天把敵人耍得團團轉。在布魯克林（現紐約市西南部的一區），他

利用潛伏炮臺，並安排了火力猛烈的排輪，還在畫布上畫了黑點，從城裡看過去，就好像眾多大炮的炮眼。據說他還威脅敵人說除非他們馬上撤離，否則就點燃那些假的大炮。後來，意識到是被騙了，勇敢的英國人傳話來說「要擊斃他們」。因此，華盛頓明顯地了解到任何事物都是公平的，不管是愛情還是戰爭。

華盛頓不太喜歡與人交談，他的樣子都是陰鬱的，偶爾也會有短暫的悲傷。不過總體來說，包括他性格中的剛毅、他的言行舉止體現出來的自尊，都給人以嚴厲與冷酷的印象。這些表現更讓人覺得他是一個不懂幽默的人，不過事實上他喜歡安靜的微笑。

有一次，美國國會堅持稱常備軍五千人太多了；華盛頓回答說如果英國同意再也不用超過三千人的軍隊來入侵這個國家，他完全同意將軍隊人數減少至四千人。

當西班牙國王知道華盛頓出身農民後，體貼地送了一隻公驢給他，華盛頓提議為這隻動物命以捐贈者之名以紀念這位「好心人」。他還給朋友寫信談到這件事，帶有怨憤地將禮物與贈予人進行了類比。顯然，他這個玩笑很有興趣，從而在不同的信件中重複了好多次；在他坐下來整理信件的時候，可以省掉很多精力。所以，我們現在發現很多的信都幾乎相同，甚至玩笑話都一樣，但是卻分別寄給卡羅來納南部和麻薩諸塞州。毫無疑問，這位偉人以為他們永遠不會拿來對比，但是他怎能預見

後來在紐約有人把他的手稿拿來展賣？而且標上每份 22 美元 50 美分的價格。還有他寫給一位女士的有點深情的情書也被她的曾孫女拿來競賣了，標價 50 美元。

還有一個有點冷的幽默事件發生在紐約的停戰旗事件中，停戰的消息被送到了豪伍將軍處，地址是「華盛頓先生」。這位將軍是從英國士兵的手裡拿到這封信的，看了一下信和地址的署名，說：「奇怪！這封信不是給我的！它是給維吉尼亞的一個農場主的。我先保留著它，等戰爭結束我再送去。」然後，把信塞進口袋，他命令拿出休戰旗，並指示槍手都站到一邊。一個小時以後，另一封信又到了，上面寫著「將軍閣下！華盛頓。」

這以後不久，一個士兵給華盛頓牽來了一隻狗，狗的脖子上掛了項圈，上面刻了豪伍將軍的名字。華盛頓把狗還了回去，還派一位特殊的送信人送去了一張紙條：「華盛頓將軍送信給豪伍將軍，並歸還屬於他的一隻狗。」在這個故事裡，我認為華盛頓行事冷靜、待人真誠，但卻因為他的粗心祕書成了一個玩笑的受害人。

還有一次聽起來也像個笑話，又或許不是。那是他掌管波士頓軍隊的時候，華盛頓將軍寫信給他的老朋友克雷克博士，問他有什麼可以幫他做的，還添加了一些感情因素在裡面：「但是麻薩諸塞人民對於那些他們可以得到的東西是不會讓它們從手中溜走的。」在另一封信中，他這樣問候康乃狄克：「他們的不文一名的惡行越過了信仰的極限。」當康瓦里斯在約克鎮（美

國維吉尼亞州東南部一村鎮）投降的時候，華盛頓拒絕羞辱他和他的官員，只是收繳了他們的武器。他把康瓦里斯當成他的客人，並「為了向他表示敬意與他共進晚餐」。在這次晚宴中，法國戰士羅成比被要求給了「美國總統」一片烤麵包，華盛頓則提議給「法國國王」。康瓦里斯並沒有給任何國王，於是華盛頓裝上烤麵包，給了「英國國王」，還說是康瓦里斯的意思，還自作主張地添上一些好話，甚至連康瓦里斯都覺得好笑 ── 「他可能在那裡！」華盛頓對待康瓦里斯的態度讓他交了一個一生的朋友。很多年以後，康瓦里斯當上了印度的將軍，他還傳口信給他的對手，希望他「事業成功、生活愉快」，又說，「至於我自己，還是處於混亂的局面。」

一個世紀，可能會出現一個天生擁有超然眼光的人，我們叫他「天才」。比如說，莎士比亞、聖女貞德、畫家透納、神學家史威登堡 ── 他們都知道通往某一方面的康莊大道；但是我們為了安全起見，在建立一個國家的時候，他們卻很可能因為自己的「天才」特質而無法成為領導者。

沒有人知道天才是什麼以及他下一步要做什麼，這使得天才們像是一個不定時的炸彈，人們無法知道他們會在具體哪一個時刻爆炸或沸騰。他是那麼的不確定，因此也讓人缺乏安全感。他們似乎掌握了神奇的魔力，但是一個民族的進步怎能指望讓魔法推動著向前呢？唯一的辦法只有沿著正確的路線按部就班地、一步腳印地，勤勤懇懇地走下去。華盛頓只是個善於

計劃的人，因此他不是一個天才。我們稱他為偉人，但是他的偉大是那種我們可以真實地感受到的。他的美德是那種我們也可以或多或少擁有一點的。任何人如果使用與華盛頓相同的方法，從事合法地、正確地事業，他也會取得成功。華盛頓也是人，我們明白他，我們懂他，我們理解他是這樣成功的，因為他沒有詭計、沒有欺騙，也沒有祕密。他離我們很近。

華盛頓在他的國人的眼中無疑是第一位的。沒有人說他的壞話。可能會出現這樣一個時代，另外一個人在人民的心裡居第一位，但畢竟現在還是。林肯還有一些事情需要奮起抵抗；他解放過的地方還是會受到鎮壓，兩方的人們都不會忘記，因為他們都是有血有肉的人。但是華盛頓時代的人們都已經不在了，一個都沒有了。就連最後一個僕人，他的記憶被流言蜚語打亂，也開始在睡夢中胡言亂語起來。

我們知道我們能夠知道的關於華盛頓的一切，目前沒有比這更多的資料了，無須經過他的同伴確認，也無須消除偏見。他的純粹的目的沒有人指責，他的堅定的信念以及十足的真誠是我們光榮的榜樣。

我們熱愛這個人。

我們叫他國父。

# 第二章
# 班傑明・富蘭克林

Benjamin Franklin，西元 1706～1790，18 世紀美國的實業家、科學家、思想家和外交家，資本主義精神最完美的代表，他一生最真實的寫照是他自己所說過的一句話「誠實和勤勉。應該成為你永久的伴侶。」除了這些，他還是一位傑出的社會活動家。他一生用了不少時間去從事社會活動。富蘭克林特別重視教育，他興辦圖書館、組織和創立多個協會都是為了提高各階層人的文化素養。

我不會說任何人的壞話，即使在真理問題上；相反的如果我聽說別人有錯我也會原諒他，我會在適當的場合說每一個人的好話。

—— 班傑明·富蘭克林

班傑明·富蘭克林那時候 12 歲。他又高又大，很健壯，心地善良，臉圓圓的，滿月般臉頰紅通通的，看上去像一個鄉下粗人。他出生在波士頓，那裡因為有二十座教堂而被稱為「老南方」。但是富蘭克林一家現在住在美國國會拐角處的漢諾威街，那裡曾經發生過爭搶一個鍍金球的暴動，還有一個傳言說：「約瑟亞·富蘭克林，是一個煮皂工。」

班傑明是這個家的第十五個孩子，那時他的兄弟有好幾個已經長大成人了，班傑明坐上最高的椅子的時候，桌邊還有十三個孩子。富蘭克林家並不迷信，他們並不認為小班傑明的誕生是上帝福澤，因為如果不是如此，那也會有另外一個孩子的到來，小班傑明僅僅是運氣好而已。他的母親非常愛他，在很多方面放縱他，因為他是她的兒子，但是父親卻認為他雖然善良卻有點懶，應該好好管教一下。

有一次，父親在地窖包裝一桶牛肉，班傑明去幫他，因為父親經常在飯桌前念簡短禱告文，因此班傑明建議他做一個禱告，便可以一勞永逸，省掉很多力氣來裝牛肉了。但是約瑟亞·富蘭克林對這方面的投機不感興趣，因為這是 1780 年代早期，約瑟亞·富蘭克林還只是一個住在波士頓的長老教會教友。

這個男孩不信教,「不求上進」,只有在被要求去教堂的時候才會去,比起《聖人傳》來他更喜歡讀《普魯塔克的生命》。但他有強烈的好奇心,總是打破砂鍋問到底,直到他媽媽說:「好孩子,去玩吧!」

因為這個孩子不信教也不愛工作,他的父母認為他只有兩件事可以做:他母親建議他當一個牧師,但是他的父親說,送他去當海軍。

在一個嚴厲的船長手下當海軍可以好好約束他,送他去牧師瑟得利博士手下做事也可以達到同樣的目的 —— 應該採取哪一套方案呢?看著班傑明長大的帕拉斯・雅典娜認為兩個方案都不好。

他的父母對他的期望值升高了,甚至希望他能成為大帆船的船長或者羅克斯伯的第一教堂的牧師。而且毫無疑問,希望他能夠駕馭大帆船安全地進行全球航行,或者擁有極大的權力以致鎮上的其他牧師都害怕他占有絕對的優勢。但是命運拯救了他,讓他可以成為國家這艘大船的掌舵者,那時候國家正值開創披荊斬棘的狀況,這位掌舵者將他帶入平靜的水面,並且讓美國人相信他們提倡的建國策略可以轉化成普世的幸福。

他的父母認為他們對孩子的建議沒被採用,是他不聽話,就這樣他們過了一段尷尬的時間,但是通常偉大的人或博學的人都是和父母作對的 —— 這句話最先是馬丁・路德說的,但願父母不會因為那樣而覺得丟了面子。

班傑明的最大的哥哥叫詹姆斯，他高高瘦瘦的，背有點駝，沙土色的鬍鬚，一緊張就會咳嗽，而且他在很多的方面都顯得偏執——他是一個印刷工作者。他有個徒弟，他叫他「小鬼」，因為不喜歡因為排字出錯的時候被懲罰。因此詹姆斯需要另找一個徒弟，於是就向他的弟弟提出看他是否願意。班傑明答應了，並用法律的形式與他哥哥簽了一份七年到九年的合同，同意誠實地為他服務。

　　科學可以解釋很多的現象，但是它不能告訴我們為什麼有時候當 17 個蛋被孵化出來，育雛的結果卻是十六隻家禽和一隻老鷹。

　　詹姆斯‧富蘭克林是一位肚量小，反覆無常，嫉妒心重又蠻橫無理的人。但如果他懲罰他的徒弟班傑明的排版失誤，即使在他沒犯錯的時候，那也是他的「合法」權力——就像如果哪個雇主沒有偶爾踢他的學徒，才會被視為失職。小班傑明當時負責跑腿，清洗印刷機，打掃店鋪，捆綁打包，做那些沒有人做的瑣碎事；只是順帶地「學習」一下。然後他安放打字機，再過一段時間製版。在那個年代，一個印刷工的等級大大高於一個普通技工。一個印刷工被看成是一個文人——比如倫敦和威尼斯的名印刷師。一個印刷工是一個有品味的人。所有的編輯都是印刷工，他們通常可以像排版一樣安排好事情。因此，我們現在有這樣的名稱：「創作室」、「創作人」等。人們叫別人「印刷先生」，而不是「編輯先生」，在街上遇見「印刷先生」時還

要脫帽表示尊敬 —— 但是在當時的費城卻不這樣。

年輕的富蘭克林對於他的工作感覺到相當程度的驕傲，如果那不是虛榮心的話。事實上，他自己也說虛榮是一件好事，而每當他看到有人在大街上炫耀自己時，總是給他們讓路，因為他知道在他們的背後也有屬於他們的美德 —— 也許別人看不見，但它依然存在。詹姆斯身為兄弟，卻對班傑明的能力沒有信心，所以當班傑明寫些小短文的時候，他將它們捲放在門下，讓詹姆斯早上開門時可以看到。詹姆斯將這些短文給他的朋友們看，他們都覺得非常好，並得出結論說，那一定是某某博士寫的，好像是羅德·培根。培根是一個非常溫和的男子，他的名字經常出現在印刷刊物上。

然而，漸漸地，人們知道了此人正是那個才華橫溢的匿名者，可詹姆斯說沒有他剛開始期望的那麼好，還宣稱他一直都知道那個人是誰。班傑明十八歲的時候已經閱讀蒙田、柯林斯、沙佛茲伯、以及休謨的書。他在他的作品中表達他的那些在當時被認為是非常可怕的想法，不過，現在卻被到處宣讀，甚至在東正教教堂裡。班傑明學習能力和領悟力都很強，他發表諷刺文章將矛頭指向政府官員和傳教士，但這些人並不享受他的笑話 —— 人們很少能接受關於自己的笑話 —— 他們還試圖禁止富蘭克林兄弟的公司出版的報紙。

詹姆斯將所有麻煩都丟給班傑明，而所有的功勞則歸功於他自己。詹姆斯不讓弟弟獲得自己應得的榮譽，他對外宣稱說

班傑明得了大頭病 —— 當然這並非毫無可能，但是他忘了，大頭病，像腮腺炎、麻疹和生活中的其他病一樣，是會自動痊癒的。詹姆斯提醒班傑明說他只是一個學徒，還有三年服役期，應該繼續守好他的本分，而且如果他逃走，他也會派人去把他抓回來。

對於他哥哥的這種暗示，班傑明非常清楚地意識到這是因為擔心他出走才這樣說的。不過他終究去意已決，私下賣了一些書籍賺了錢，偷偷地上了一艘開往紐約的輪船。

在抵達紐約三天後，他找到了一個荷蘭人，這個荷蘭人只把班傑明拿來使喚，並沒有特別欣賞的意思。於是他又啟程去了費城。

每個人都知道他如何從一條小船上的岸，到達市場街上的時候口袋裡只有幾個銅幣，又輾轉流落到一個麵包店，並向老闆要一個三便士一片的麵包，卻被告知沒有三便士一片的麵包，然後就問有沒有三便士能買到的不管什麼麵包，於是老闆給了他三片麵包。在陌生的土地上遭受困難的人，有誰沒有在店員面前暴露過自己的落魄呢？我第一次去英國的時候，因為不知道換算先令和便士，在購買麵條的時候還丟了一個金幣呢。費城的麵包師如果知道他給了那個將成為美國的驕傲的年輕人三片麵包的時候，可能會幸福得睡不著覺，他們很難想到當時這個美國的奠基人只是想要一片麵包而已。

離家出走的班傑明長了滿臉的鬍子，當他拿著那三片麵包

沿著市場街走過的時候，兩隻手臂各夾著一片麵包，嘴裡嚼著第三片，這個樣子被美貌活潑的黛博拉‧里德看到並引起了她的發笑，當時她正在去她父親家的路上。在經過幾個月的相處後，富蘭克林向她求愛，後來黛博拉‧里德也愛上了他，於是他們有了「山盟海誓」，他如是說。經過幾個月的工作和愛情的奮鬥後，富蘭克林又航行去了英格蘭。他答應盡快返回家園並讓黛博拉成為他的妻子，但他只寫了一封信給這個等他到心碎的女孩，卻近兩年都沒有回來過。

　　時間是偉大的復仇者同時也是偉大的教育家，只有教育通常可以發揮作用至再也沒有用的時期，並且只有提出建議的時候是有價值的 —— 但是沒有人需要建議。臨終懺悔對於拯救另一個世界來說，也許是合法貨幣（可以用來償債而債主又必須接受的貨幣），但也只是票面值以下的貨幣，再生也應推延至直到人已沒有能力再行罪惡的時候為好。罪過，只是扭曲的權力，而沒有能力犯罪的人，同樣也沒有能力做好事 —— 是這樣嗎？他的靈魂是一個死海，既不支持變形蟲，也不支持魚，既不支援有毒桿菌也不支援有用的生命。只有那些保存了上帝賦予的權力，直到將它變成智慧，且不讓激情控制他的人才是快樂的人。所以在他的一生中越早下決定的人，他對於他自己以及對於整個世界都越有好處。

　　曾經在很久之前，卡萊爾帶著盲人傳教士密爾本到切爾西大堤，告訴這位盲人男子說富蘭克林就是從那裡跳入泰晤士河

中，並游向布萊克費爾大橋的。「他本來可以在這裡住下來，」湯瑪斯·卡萊爾說，「並成為一名游泳老師，但上帝為他安排了其他的工作！」富蘭克林有很多機會可以停下來，成為阻止發展的受害者，但他從來沒有利用這樣的機會。他也可以繼續留在波士頓，做一個沉悶的傳教士，或者節儉的海船長，又或者是一名普通的印刷工；或者他也可以留在倫敦，同他的朋友拉爾夫一樣，成為一個聰明的打油詩作家，而身為政黨的支持者，需要付出的最多。

　　班傑明·富蘭克林從英國回來的時候剛好 20 歲。輪船逆風而行，沿路返回，一路風雪，有時又因風平浪靜而停滯不前，這次航行一共用去了 82 天。一位名副其實的老牧師告訴我這是上天註定的，是為了讓班傑明可以有時間去沉思他的年輕時的愚蠢行為，同時為將來做打算。我不據理力爭，因為我很願意承認，我的朋友牧師，是有事實依據的。

　　誠然，我們必須「轉化」、「重生」、「再生」，或者其他任何你喜歡的詞語。有時常常是愛改變一個人，也有時是疾病，也有時是傷痛。

　　泰爾麥格醫生說，與聖保羅在一起的那個人中暑了，也許是因為這樣，可以肯定的是塔瑟斯的掃羅在前往大馬士革迫害基督徒的途中不是帶著愛的。愛可以一次又一次地饒恕，而不會迫害任何人。

　　我們不知道是什麼東西改變了富蘭克林；他曾經試圖做過

蠢事 ── 我們知道 ── 而只有英國詩人白朗寧對他抱有期望，並得出結論：

比壞更明智的是好；

比殘暴更安全的是溫順；

比神經質更可取的是清醒。

這一次航行中，這位年輕的印刷工陷入了深深的沉思，並與黑暗勢力做著頑強的抗爭，來自心靈深處的自省讓他每天早中晚都重複一個祈禱儀式。這個儀式有很多步驟 ── 在後來的歲月裡每一步都經過了改正和修訂。這裡有幾個段落，它們代表了這位少年的心的憧憬和傾向。他的祈禱文是：

我要溫柔地對待溫順的人們，友好地對待我的鄰居，善良地對待我的同伴，以及慷慨地對待陌生人。請幫幫我，我的上帝！

我不喜歡耍詭計和越軌行為，討厭敲詐和每一種軟弱和邪惡。請幫幫我，我的上帝！

我會不斷地爭取榮譽和德行：我可以擁有一個無辜的、有良知的，最後成為具有真正美德和大度的人，請幫幫我，我的上帝！

我不要誹謗和毀損；我厭惡欺騙、要避免說謊、嫉妒和欺詐、奉承、仇恨、惡意和忘恩負義。請幫幫我，我的上帝！

那麼，除此之外，他還制定了一系列的行為規則，把它們

寫出來，並牢記在心裡。他所引用的格言都像傳統思想一樣是舊的，但不是迂腐，因為在道德上無所謂新的或舊的，兩者都不是。

這次從英格蘭航行回來，他暗暗發誓：他上岸後第一件事就是去找黛博拉‧里德，以撫慰她的心，也讓自己的良心好過一點。應了他的誓約，他找到了她，但是她已經是別人的妻子。她媽媽認為富蘭克林的離開純粹是為了甩掉黛博拉‧里德。而這可憐的女孩，昏沉與絕望，在束手無策之下，嫁給了一名名字叫作羅傑斯的男子，他是一名陶工，也是一個混日子的人，但富蘭克林說是一個「很好的陶工」。

數月後，黛博拉離開那個陶工，因為她忍受不了被他用皮帶家暴，所以回家與母親住在了一起。

現在，富蘭克林正逐步走向成功，他 24 歲的時候擁有一個小印刷企業，有魄力，有想法。他盡情享受他的生活，做著各式各樣的事情，其中也有讓他感到羞愧的事；而黛博拉所做的愚蠢的事情並不遜於讓他感到內疚的事。於是他打電話給她，他們把事情挑開了來談，作出了誠實的交心，讓彼此的靈魂可以得到安慰。那個陶工消失了 —— 沒有人知道去了何處 —— 有人說他死了，但班傑明和黛博拉並沒有為他感到哀傷。他們頂住了謠言的壓力。感謝上帝，最後他們終於來到了教堂舉行了婚禮。

黛博拉帶來的嫁妝很少；班傑明貢獻出來的財產則是一名

兩歲的男嬰，沒有人知道究竟是從哪裡俘虜來的。這名男童就是威廉·富蘭克林，長大後成為一個非常出色的男子，而對於他我們能說最差的是他成為紐澤西的州長。他熱愛和尊敬他的父親，並稱呼黛博拉為母親，同時也愛她。因為她值得他對她付出所有的愛，她總是給他最溫柔、最無微不至的關懷。在敬神拜佛的時候，如果在盾形標牌上發現一個汙點，也許但不會永遠是一個可怕的厄運，它有時具有約束破碎的心的力量，就好比瘢痕使纖維變得堅韌。

黛博拉沒有受過很多的教育，但她卻有很好的、豐富的常識，如果你一定要我作出選擇的話，我覺得這樣更好。她盡自己一切可能的方式幫助丈夫，而到目前為止，據我所知，從未為了人們所謂的「事業」而感到惋惜。她甚至在印刷處工作，做著折頁、拼接、捆紮工作。

許多年以後，當富蘭克林是美國殖民地駐法大使的時候，他自豪地說，他的衣服從紡，到織，到剪裁，再到製成成衣 —— 一切都是由妻子親手做成。富蘭克林對黛博拉的愛很堅定。他們共同致富，相敬如賓，贏得了世界廣泛的知名度，並受到了在美國前所未有的讚譽。

而當我說，「上帝保佑那些在男人背後默默支持他的善良的女人，」我只是在重複班傑明·富蘭克林曾經說過的話，他說這話的時候心裡想的一定是黛博拉。

富蘭克林 42 歲的時候，他已積累了財富 7.5 萬美元。這樣

使得他的年收入約 4,000 美元，他說這是他所需要的；於是他賣掉了他的生意，打算把自己的全部精力用在學習科學和語言上。他還只過了他的生命的一半，即使他就此打住不再賺錢，他也能過上最好的日子。他創立了「祕密會議」俱樂部 —— 那是我所聽說過的最有智慧、最具慈愛心的俱樂部。

在每一次的「祕密會議」的聚會上，總有人對於富蘭克林的生活和思維習慣發出一連串的詢問。我們來看一下其中幾個：

1. 您有沒有看過今天上午的所有疑問？為了給「祕密會議」做點貢獻，您是否願意談談其中的一點？

2. 您有沒有碰到什麼事情是您在過去的閱讀中讀到過的？有沒有非常不錯的適合傳達給「祕密會議」的？特別是在歷史、道德、詩歌、物理、旅遊、機械、藝術或其他方面的知識？

3. 您是否知道某一位公民，他最近做了一件有意義的事情，值得讚揚和學習，或者誰最近犯了一個錯誤，我們應當被告誡避免？

4. 您最近有沒有看到或聽到什麼不好的事情讓您感到不開心、輕佻、放縱，或其他任何色情或愚蠢的事情？

5. 如果您聽到別人戒酒、謹慎、節制，或任何其他美德的時候是什麼樣開心的感覺？

6. 您認為目前「祕密會議」的成員有沒有什麼可以為我們人類、國家，為他們的朋友、或者他們自己做的？

7. 您有沒有聽說自從上次「祕密會議」聚會後，有陌生人到了鎮上？您聽說他有什麼樣的性格和優點？您是否會利用您在「祕密會議」的權力強迫他？或認為他值得鼓勵？

8. 您是否知道最近有一批新興的年輕新手，您身為「祕密會議」的掌權人應以什麼樣的方式鼓勵？

9. 您最近有沒有發現貴國的法律有任何缺陷，有待提出並由立法機關作出修改或者您認為我們還需要什麼有用的法律？

10. 你最近有沒有發現任何有損於公正自由的人？

11. 「祕密會議」或其任何一個成員，可以用什麼樣的方式來幫助您提高您的聲譽？

12. 您自己是否有任何重大的事情想向「祕密會議」諮詢？

13. 您最近是否因為某人的缺席而得到什麼好處？

14. 在處理意見的事情上您是否認為很有難度，在正義和非正義之間，在這個時候您更願意談論哪個？

「祕密會議」的成功創立使富蘭克林建立了費城公共圖書館，這座圖書館後來成為了美國所有公共圖書館的總部。他還組織和配備消防公司，鋪好並點亮費城所有街道。建立了高中和學院學習英語的分支機構，創辦費城公立醫院，發明肘節式聯合印刷式壓力機、富蘭克林爐、以及其他各種有用的機械裝置。

從商界退休後，富蘭克林享受了七年他所謂的休閒時光，但其實是多年的研究與應用，多年的幸福和甜蜜生活，同時也

是多年的願望和對未來的殷切展望。關於風箏和鑰匙的實驗讓他的名字享譽全歐洲的科學界，他的以電力為主題的著作讓歌德放下了手中的筆。

富蘭克林在歐洲人的心目中是有著最偉大思想的人，他的《窮人理查・愛爾曼納克》反映了那樣純樸的美國人民，他的小冊子，現在成了歷史哲學課本。

在西元 1754 年，他撰寫了一篇反映殖民地生活的論文，並呼籲他們必須團結一致，這是為了成長、發展，並最後成為美利堅合眾國的首次公開說話。首次公開說話之前，殖民地是純粹單一的、孤立的、互相嫉妒、爭吵且過度勞役。富蘭克林在第一時間發現，他們必須為了互惠互利的目的團結起來。

在西元 1757 年，賓夕法尼亞州和英格蘭之間的關係變得有點緊張。「英格蘭的立法者不理解我們，應該有人身為授權代理人為我們去申辯！」，富蘭克林馬上被推舉為最具有強烈的個性和健全的意識的代表。因此，富蘭克林來到英格蘭，並擔任殖民地的代理人在那裡待了 5 年。

隨後他回到家裡，但是兩年後，《印花稅法案》激起了民眾的公開不滿，革命迫在眉睫，富蘭克林又再次前往英國尋求正義。班克羅夫特用了一百多頁來記錄他在倫敦的十年。班克羅夫特是個好人，我也不想與他唱反調，所以我只想說，富蘭克林所做的是任何人為了避免即將爆發的革命戰爭都可能做的事。巴爾克說，當他出現在美國國會接受條件審查的時候，就

像眾多的學生在審問他們的校長。

以先知般的智慧和說服力，富蘭克林預先告訴英國人民說，美國將會怎樣對待他們。彼特和其他幾個人知道富蘭克林了不起，明白他是正確的，但其餘的人都在嘲笑他。

西元 1775 年，他航行到家，並敦促大陸國會的《獨立宣言》的發表，富蘭克林是其中一位簽名者。然後戰爭爆發了，如果不是富蘭克林去了巴黎，讓國家與法國結為盟國，並借來錢，大陸軍隊無法一直保住他們的土地。

他一直在法國待了九年，是法國人民的驕傲和寵兒。他的良好意識、他的幽默以及他卓越的個性讓他在社會的任何地方都遊刃有餘。他有讓自己適應不同條件的能力，這讓他在任何地方都能找到故鄉般的感覺。

就在革命戰爭剛結束後不久，他在巴黎參加了一個難忘的宴會。其中有一個演講者是英國的大使，他在回應敬酒時，自稱「大不列顛」。大使著墨於英格蘭的偉大，將她比喻為太陽，其光芒四處照耀。下一個敬酒的是「美國」，富蘭克林被要求作出回應。他開始很謙虛地說：「共和國還太年輕而無法讚美，她的事業即將起步，因此我不會稱你為美國，你只是一個人，喬治‧華盛頓 —— 成功地讓太陽止步的約書亞神。」法國代表則忘記了在宴會上應有的禮節，而顯得多餘地大聲笑著。

富蘭克林在巴黎被視為策劃革命戰爭，並為之奮鬥的人。他們說，「他不畏艱險，從英格蘭國王喬治手中奪回了主權。」

毫無疑問，人民對他的喝彩主要是基於這樣的事實，他肩負著美國成功脫離英國統治的期望，事實證明，他們的選擇是正確的。

考慮到全方位的發展，富蘭克林必須首先身為美國人站出來。他的想法是要淨化自己的精神，去發展他各方面的智力，讓他的身體為他的靈魂服務。他的雄心是獲取知識，而他心底的渴望是運用它。

富蘭克林的著作——簡單、清楚、簡潔、直接、公正且含有豐富的知識——形成一種這樣的模式：可以讓每一個學生愉快地學習，獲益匪淺。這些著作應該成為每個大學和高中課程的一部分，以培養其學生純淨的品格和正確的文學鑑賞能力。

就我們所知，沒有人過著比富蘭克林更充實的生活、更快樂的生活、比別人更有用的生活。42 年來他不斷地努力，他一生都在為他的國家奮鬥著，而在這段時間裡沒有什麼自私可以讓別人對他進行指控。向國會請願通過一項法令，以廢除奴隸制幾乎是他的最後一次公開行動。他死於西元 1790 年，當你路過費城的拱街的時候，在距離他的印刷車間幾個平方公尺的地方，你能看到他靜靜地躺在那裡。

以下墓誌銘，是他自己寫的，但也不能出現在簡單的紀念碑，因為它代表著他的永垂不朽：

班傑明・富蘭克林

一個印刷工的屍體

（好像一本舊書的封面，他的目錄顯露了出來，鉛字和鍍金都掉了）

躺在這裡成為蟲子的食物。

然而作品本身將永遠不會丟失，因為它將（他堅信）出現一次或者更多以一個新的更華麗的版本，由作者自己改進或修訂。

# 第三章
# 湯瑪斯・傑弗遜

Thomas Jefferson，1743 ～ 1826，美國第三任總統，亦是美國最著名總統之一。他出身貴族家庭，屬於富有階層。他是《獨立宣言》和《維吉尼亞宗教自由法案》的起草者，是維吉尼亞大學創始人，他是美國獨立戰爭中的激進派。前幾年美國拍過一部有關他與他的女黑奴的影片，就是以他任駐法國全權公使期間為背景。

如果我不能和我的政黨一起去天堂，我寧願不去。

—— 湯瑪斯‧傑弗遜

　　威廉和瑪麗學院創立於西元 1692 年，正如它的名字所揭示的，由英國國王威廉三世和女王瑪麗二世創立。創始人設立了一個基金，以各式各樣的方式慷慨地贈予學生。

　　其意圖是使印度人成為美國新教聖公會教徒，白人學生成為神職人員，並假設白人和原住民之間幾乎沒有什麼差異，該課程簡直是一個教會大雜燴。

　　所有的老師由倫敦主教任命，該職位通常是給英國不需要的神職人員。

　　西元 1760 年，湯瑪斯‧傑弗遜來到這個學院，這是一個高大的紅髮青年，17 歲，他有一個高挺的鼻子，和一個尖尖的下巴。一個具有這些鮮明特徵的青年一定有很高的智慧 —— 太具有代表性了。

　　這名男孩沒有被「送」來大學學習，他獨自一人，從他謝德威爾的家裡出發，用了五天的路程，騎馬穿越樹林來到學校。他的父親已經去世，母親是一個難得的溫柔的女人，卻有病在身。

　　死亡「本身」不是一個災難，身體虛弱也不一定就必然是一個災禍，因為這些看似不近人情的自然條件往往能夠提煉出一個人的優秀特質。父親的臨終禁制可以將自己在世的時候做不

到的事強加給兒子，有個身心障礙的母親也可能意味著會為了卓越表現和實力而更加努力。彼得・傑弗遜的最後希望是他的兒子能夠得到良好的教育，並擁有父親從來沒有達到過的一定程度的男子氣概。在他奄奄一息的時候，他還最後利用他的聰明才智，來教育這個剛剛十四歲的孩子、以及他的母親、姐姐們和一個小弟弟。

我們常常聽到人們說有人一夜之間白了頭，但我所看到的是死亡迫使這個少年攬起家庭的重任，整日起早貪黑。當我們談論「良好的環境」和「適當的條件」的時候，應圍繞青年的成長而談，而不應憑空而論——因為根本就沒有絕對的良好環境這種東西。

這裡有必要插入一章關於那些只有靠輪椅走動的人，除非透過玻璃窗，否則他們永遠也看不到冬天的風景，而只要他們在病椅上稍微輕輕搖晃一下，整個家庭和鄰里都會前來懺悔或勸告。然而，我有點同情那些健康狀況不佳的人，而且沒有人比我更尊敬希臘人對完美身體的追求。但經過仔細研究傑弗遜的早期生活，我們發現，他父親的去世、他母親的生理缺陷、和姐姐們的因素，都是促使他形成溫情而俠義的精神、頑強的意志，養成獨立思考和行動的習慣的原因，這些對於他後來的生活無疑都是大有裨益的。

威廉斯堡是當時維吉尼亞的首都。那時只有大約 1,000 戶的居民，但是舉行立法會議的時候會很熱鬧。

美國國會在一條大道的盡頭，在這條大道的另一頭是州長的「宮殿」；當華盛頓市的布局設計好以後，威廉斯堡就成為了競相模仿的對象。星期六，那裡有賽馬賽事的「道」，每個人都參與賭馬；鬥雞和鬥狗，被視為男子漢的活動；在酒館裡天天有人狂歡；並且往往是在私宅裡也夜夜歌舞，直到太陽出來的時候僕人們都還是醉醺醺的。

　　在大學裡，教師和學者都不得不同意以《三十九條信經》為教義，並且讓學生背誦《教理問答》，到處充斥著神學的氣氛。

　　年輕的傑弗遜甚至從未見過有十幾戶人家的村莊，他將這類村莊都看做是城市。他想到它、談論它、寫它，我們現在知道，在這個時候，他的關於城市與國家的思想就已經具體化了。

　　五十年後，當他開始知道倫敦和巴黎，並親眼見到過基督教的行政城市的時候，他不斷重複他在年輕時用過的字眼，「民族的希望在於她的土地耕耘者！」

　　因為母親的家族的關係，他們被劃分為「一等家族」，但貴族和種姓對於他沒有任何誘惑力。他隨後開始形成這些實用、簡樸、平等的想法，並且在當時不斷堅定這種信念。

　　他的導師和教授主要以「可怕的例子」教導他，唯獨斯摩爾博士例外。這名男子和年輕的傑弗遜的友誼的建立是一個理想的例子，說明透過個人的接觸什麼都是可能的。男人之所以偉大只是因為他們善於同情；而同情心和想像力之間的區別，我們則不得而知。

斯摩爾博士鼓勵這個年輕人去學會思考和表達自己。他並沒有努力向他直接灌輸知識，也沒有逐個為他做解釋或糾正他的奇異的幻想，或要求他背誦規則。他把他的同情心以一種母性的溫柔方式，從唯一了解他的朋友的角度傳達給這個男孩。

斯摩爾博士是一位血緣關係與歷史不明的人，讓我們向交朋友以信用至上的傑弗遜表示尊敬。約翰‧伯克在他的《維吉尼亞州的歷史》一書中，這樣評價斯摩爾博士：「他沒有太多東正教的思想。」在這裡我們可以推測出斯摩爾博士對傑弗遜的影響，使他從對法規的相信和固守思想轉變為自食其力的精神。課餘時間，這對師生一邊走路一邊聊天，在週末，他們穿越樹林去森林旅行，對於青年有助於他了解自然科學知識以及關於花鳥以及森林裡眾多其他的生物，而當兩人發現已經偏離小鎮很遠的時候，天已經黑了，星星也出來了，他們則開始交談奇妙的天空。

真正的科學家不會殘殺生靈。他用梭羅的話說，「殺掉一隻鳥，就意味著永遠地失去了牠。」斯摩爾博士有著尊重生命的溫柔本性，而他一直拒絕接受他不能給予的東西。在一定程度上，他與他的年輕的同伴分享他擁有的熱情和欲望的祕密。

在外國有一個神話說，大學城是智力中心，但是在大學城裡（或任何其他地方）的人真的這麼認為的卻是極少數。

威廉斯堡的人們整天歌舞昇平，很熱鬧，但我們也不能說他們沒有知識。斯摩爾博士是一個思想家，福基爾州長也是，

而且他們兩個是堅定的朋友，雖然他們有許多方面不同。去福基爾的高級「宮殿」的時候，斯摩爾博士總是帶著他的年輕朋友傑弗遜。福基爾經常舉辦酒宴，但經過長年累月的喝酒作樂，他有所改變，並向斯摩爾尋求解脫與舒適。在這些時候，他發現傑弗遜是一個難得的人才。他教他說優雅的法語，以及標準的英語。他引述教宗，並與他談論史威夫特、愛迪生及湯姆。福基爾和傑弗遜成了朋友，雖然他們年齡相差二十多歲，有二十多年的世界經驗不一樣。傑弗遜受到福基爾的些許好的影響是：熱愛書籍和喜歡建築。但福基爾對他最大的「幫助」是讓他把所有的錢都賭輸了，並染上了酗酒，學會了將雙腿架在桌上抽煙管。後來傑弗遜發誓絕不再玩牌，也不再抽煙、不再喝烈酒。他和斯摩爾說，「要想獲得休閒，首先必須要有財富保障；但一旦獲得了休閒，更多的人使用它來追求快樂，而不是用它來獲取知識」。

如果傑弗遜生活在一個大城市裡，他一定是一名建築師。他的實踐性、他對數學的精通、對比例的熱愛、以及對音樂的熱情是可以成為像英國建築師克里斯托弗・雷恩那樣的人的基本要素。但在西元 1765 年的維吉尼亞州，沒有提供沿著這條發展的條件；即使有大「裂痕」的木房子也是不錯的，但是如果地方太小的話，第一條就無法實現。然而年輕的傑弗遜知道總有一種事業在等著他。

大約這個時候，愛玩鬧的派翠克・亨利來了。派翠克是拉

小提琴的，湯瑪斯也是。這兩個年輕人早已經因為音樂而相識了。另有一些理智的人認為音樂家都是膚淺且不切實際的。我知道一個宣稱真理、誠實和正直的人將永遠無法了解一個專業音樂人的心，更有甚者，他們完全無法理解「你的」和「我的」的差異。但是後來，這名男子又聲稱演員是惡棍，他們在扮演別人的同時喪失了自己的本質。然而，我還是要對那些吹毛求疵者解釋一下，雖然那時傑弗遜和派翠克・亨利都屬於虛度光陰的人，但他們從來沒有也不會在羅馬被燒毀的時候碌碌無為。音樂對於他們來說只是一種消遣，而不是一種職業。

派翠克・亨利抵達威廉斯堡的時候，他就來找他的老朋友湯瑪斯・傑弗遜，因為他很喜歡他 —— 當然也是為了節省旅館住宿費。派翠克說，他來威廉斯堡是想進入法院工作。

「你學習法律有多長時間了？」傑弗遜問他。

「哦，到上個星期二為止有六個星期了。」對方回答說。

傑弗遜建議派翠克回家再學習至少半個月以上法院才有可能用他。但派翠克宣稱說學習法律最好的方法就是實踐，當然他說的是對的。許多年輕的律師真的是從來沒有意識到他們懂的法律有多少就開始進入實踐了。

但派翠克・亨利被正式承認了，雖然喬治・威思表示抗議。派翠克然後回家為他的老丈人雷本看顧酒吧，整整照顧了四年。他努力學習，偶爾也參與實踐 —— 他是歷史紀錄中唯一在當酒保的過程中追求智慧的人，但為鼓勵新進的青年，我將

這個寫下來。

　　毫無疑問，派翠克・亨利的事例讓傑弗遜決定了他的專業。但是，傑弗遜選擇法律作為專業不是因為它的實踐部分——首先吸引他的是法律中的文學成分。身為要上臺演說的律師，他有奇怪的缺陷，他的喉嚨有輕微的生理畸形，造成他的音色不好而且有點發音不準。但他學的是法律，而且不管他以前是學什麼的都不會有很大差別——各種知識是相互連繫的，不管學什麼只要堅持不懈地學下去就一定能學好。

　　因此傑弗遜在喬治・威思的事務所進行學習，福基爾提供了很多東西給他，並在斯摩爾博士的陪伴下增長了智慧。從一個紅頭、瘦瘦的、高高的、膽怯的山上小子發展成一個莊重優雅的年輕男子，還被描述為「紅褐色的頭髮」。從紅頭到紅頭髮，再從紅頭髮到紅褐色頭髮的進化過程證明他是純色的人種。他仍然不英俊——這個詞在他60歲之前都不能用來形容他——因為他長了滿臉的雀斑，兩個肩膀還不一樣高，腿細得不行，再小的衣服穿起來都不合適。

　　但是不要以為瘦小的男人就很虛弱，而胖子就理所當然很強壯。傑弗遜肌肉像豹一樣發達，可以持續六天六夜步行或騎馬或奔跑。他可以舉起上千磅的東西。

　　傑弗遜24歲的時候，在威廉斯堡，他在喬治・威思的招牌下面掛出了他自己的律師招牌。客戶帶著律師費，與隨從一起送業務上門。有位富裕的遺孀表示還給他提建議——但是他依

然不能口齒清楚地發表講話。許多男人可以向陪審團熱情地演說，並且每個村都有它的演說者；但如果是明智又沉默的人，將會為你出主意、幫你解決難題、保護你的利益不受到威脅，並妥善地處理好你的事務，你盡可以放心地把你的事情交給他，你一定可以收到物超所值的回報。我膽敢這樣說，我的話未經任何添油加醋或任何偏見，如果我們在任何一個大城市做一個實驗，找來一千名律師，他們當中的五分之四的人都存在著不足，有的是在精神方面，有的在道德方面，或兩者兼而有之。如果他們之中有十個是天才的話，他們也不會在一年之後還不能解釋法律條款，更不用說有沒有興趣了。而現在的法庭是由一組比在傑弗遜時代更加優秀的律師組成的，即使他們並沒有四十年前那些人具有的聰明天賦。

早在傑弗遜 25 歲的時候，他就已經是一個具有聰明才智和精湛技藝的男子，善於處理世界上的事情，具有這種特質的人不會讓它隱藏在幕後。世界需要的正是這種人，而且當時世界正急切需要這種人。傑弗遜有一個安靜、有條不紊的事業且不用他支出過多緊張的精力。憑藉他那天才的直覺，這位老闆只用稍稍看一眼文檔資料就能找出癥結所在。然後，他有能力得到他的整個文案，用簡單的、扼要的方式編排好一切，以證明事實勝於雄辯。所有的這些特點，使得他在實踐上得到了成功。傑弗遜的成功顯示，做事遠比吹噓來得有用，甚至邊遠地區的法官席上坐的都是由曾經的獵戶組成的。

在西元 1768 年，傑弗遜 25 歲的時候，他離開了謝德威爾，並準備競選維吉尼亞州立法機構的成員。這是正確的事，因為他是全縣的首富，繼承了他父親的 40,000 畝地，因此被選為他們選區的代表。他拜訪了選區的每一位選民，與每個人握手，稱讚女士，安撫嬰兒，在每一個酒館慰問群眾，在家裡將大門敞開，隨時準備招待來客。於是，他當選了。在西元 1769 年的 5 月 11 號，立法機關召開會議，有近百人出席，喬治‧華盛頓上校也是其中一位。會議花了兩天的時間選出了議長，並且做了一些準備工作。在第三天，四個草案被一一作了介紹 —— 之所以被提出來主要是因為新成員的影響。

最後決議如下：

1. 無代表權則不納稅。
2. 各殖民地在尋求救濟的途徑中應同心協力、團結一致。
3. 讓被告在遠離自己國家的地方受審，是一個不可饒恕的錯誤。
4. 我們將關於這些條款向國王提出申請，懇求他的皇室干預。

決議被通過了：不過，反對黨說它們沒有多大意義。然後為了達到效果，又通過了另一個決議：「我們會給大陸的每一個立法機構寄去一份決議。」這次的決議態度稍微強硬了一些，但仍然沒有太大意義。

它被表決並獲得了通過。隨後大會休會期間，一份決議的

拷貝被送達到了羅德・包提陶德的手裡，他是剛剛從倫敦來的新上任的州長。

第二天，州長的祕書在州下議院大會上出現了，並重複了如下通知：「州長命令眾議院在議會會議廳參加會議。」所有的成員來到議會大廳，站在寶座的周圍欣喜地等待著。他說了一番話，我在這裡全部引用下來：「議長先生和眾議院的議員們：我已經聽說了你們的決心，但我預見其效果不會很好。我有責任解散你們，因此你們立即解散吧。」

這就是傑弗遜的第一任期 —— 是所有的握手，所有的安撫，和所有的善待換來的！

成員們彼此互望著，但誰也沒有說什麼，因為他們無話可說。祕書作出了不耐煩的姿態，他的手勢表示了他們應該被驅散，他們只有這樣做了。

這些合法的代表是如何選出來的？現在普通市民又該如何進行反駁？我們不知道。

華盛頓是否會忘記他一貫的穩重，而突然發出人人都會發出的誓言？理查・亨利・李喜歡這樣嗎？喬治・威思和藍道夫又有多喜歡？那個下午派翠克・亨利是在酒吧間高歌暢談嗎？傑弗遜是不是一直在假裝微笑，打發他的時間？

麻薩諸塞州保存了她的政治異端邪說的完整的歷史，但維吉尼亞則放棄了追求完善的文學而轉向了業餘文藝愛好。但是

我們知道，那些鄉紳根本就沒有停止他們的賽馬和玩牌活動。從羅德‧包提陶德戴著手套鼓掌的行為讓每個人都從醉醺醺的夢中驚醒，不再相信賜予的安全和活力，轉而相信塞謬爾‧亞當斯傳達的宗教資訊。華盛頓在談到這一點時，說新州長是一位傲慢的官員，只有傑弗遜才具有真正的先知，可以預先看到結局。

在威廉斯堡有一位有名的律師名叫約翰‧威利斯，常常是傑弗遜需要應戰的對手。我想在這裡我不需要說明律師們在法庭上唇舌交戰並不表示他們就是敵對關係。閱歷高深的威利斯很喜歡傑弗遜處理案件的方式，並且邀請傑弗遜去他的府邸，那是一座離威廉斯堡有好幾裡遠的名叫「森林」的房子。現在，威利斯的離婚了的女兒住在他的家裡，她叫作瑪莎‧斯克爾頓，和傑弗遜一樣又迷人又有錢。她彈豎琴的時候帶有深深的感情，豎琴可以和小提琴配合演奏。所以，湯瑪斯‧傑弗遜和瑪莎‧斯克爾頓常常琴瑟和鳴，也有時有一點混亂，因為湯瑪斯心不在焉，他的眼睛一直盯著這位寡婦的手指，而自己彈的怎麼樣則全然不知了。

很多年以前，他曾經喜歡並愛慕過貝卡，又為蘇琪動過心，最後愛上了貝琳達。他並沒有向貝琳達表白，而只是告訴了他的朋友約翰‧裴治，還發誓說如果他沒有娶到貝琳達做妻子，他將孤獨終老。幾個月後，貝琳達嫁給了別人。傑弗遜又對他的朋友裴治發誓說自己在貝琳達的心裡是最愛，即使她隱

藏了她的感情。但是現在，他發現寡婦斯克爾頓很有才能，雖然貝琳達也有，但是不聰明。這個寡婦還很有思想，而貝琳達有的只是外表。傑弗遜的經歷似乎可以解決一個很多人都感到困惑的問題：「一個男人能否同時愛上兩個女人？」與瑪莎·卡斯提斯不同的是，瑪莎·斯克爾頓經過較長時間才答應求婚，其中有過爭吵、有過誤會，又經過解釋，當然，小吵小鬧只會讓他們更加甜蜜。

接著他們就在「森林」裡結婚了，騎車穿過他們的樹叢蒙特捷婁。傑弗遜當時二十七歲，雖然探究寡婦的年齡是不太合適的，但是這位新娘，我們有理由知道，當時和他的丈夫差不多年紀。

這是一次幸福的結合 —— 他們的爭吵也是為他們的婚姻做準備。是傑弗遜的聰明才智和崇高的精神造就了他們的結合。她是他的同志、他的幫手，同時也是他的妻子。他可以為她念他最喜歡的《歐西安》，如果他念累了，她再念給他聽。他的所有的計畫、抱負和希望同時也是她的。在布置和裝飾蒙特捷婁山上他們的家方面，瑪莎·斯克爾頓投入了很大的興趣。它是「我們的家」，為了她深愛的丈夫，把他們的家變得溫暖是她最大的心願。她很清楚她丈夫的長處，她所希望他進步的願望都實現了。因為有了她，理想變成了現實。但是她只看到了一部分。

她看到了她的丈夫又一次當選了維吉尼亞立法機關成員，

被派去費城，成為殖民地國會的成員；在他們山上的房子裡，她看到英國軍隊行軍至四英里外的沙洛茲維（譯者按：維吉尼亞州中部一城市）的時候，她帶著家中的貴重物品逃走了，因為她知道那座漂亮的蒙特捷婁一定會遭到敵人的踐踏，毀於一旦。她知道華盛頓，於是在勝利岌岌可危的時候，她去了摩弗農拜訪華盛頓的妻子，因為如果戰敗則意味著湯瑪斯‧傑弗遜和喬治‧華盛頓將成為敵人報復的首要受害者。她曾冒著生命危險去維吉尼亞找他的丈夫，當時他是戰爭指揮；在她有生之年看到了華盛頓的勝利；康瓦里斯成了他的「客人」，因此，在維吉尼亞，除了華盛頓，沒有人比她深愛的丈夫更加讓她值得驕傲。她看到一個信差騎馬送來一個包裹，包裹是從費城的國會寄來的，上面寫著「尊敬的湯瑪斯‧傑弗遜閣下收」，為了美國的利益，任命湯瑪斯‧傑弗遜為駐法國大使，與班傑明‧富蘭克林和塞勒斯‧狄恩一起共事。她知道丈夫喜歡富蘭克林，也知道他尊敬法國，她靠在他的椅子上看著他簡單地寫了答覆：「不」。她也知道他拒絕的唯一的理由就是他不能在他的妻子最需要他的關懷與同情的時候離開她。

然後他們又回到他們喜愛的蒙特捷婁，享受工作之餘的美好時光 —— 在簡單的家務勞動和休閒中度過這個長假。她的丈夫 37 歲了，有點大男子主義，只是在家裡數日子、數錢、計算他們的貨物和家產。

後來她去世了。

湯瑪斯‧傑弗遜這位強壯、曾經泰然自若、自力更生的人，陷入孤立無援的暈厥，就像心被掏空了一樣，彷彿他也已經死亡。前三個星期，他感覺頭暈目眩，一心祈求死亡。唯一讓他不放心的就是他的大女兒：一個瘦小的、不到十歲的小女孩，希望能看到她長成大人的那一天。在她的愛心和溫柔的安撫下，他逐漸從死亡的幻想中抽了出來，重新燃器了對生活的希望。邁著搖搖欲墜的步伐，由孩子領著他行走，他被帶出美麗蒙特捷婁的陽臺。他望著遠處延綿的山，與藍天相連；在風中不停搖晃的樹枝，以及水波粼粼的小河。他注視著一切，好像世間萬物都為他停下腳步，這個世界仍然是他之前所熟悉的世界。他終於意識到即使他走了一切仍在繼續。於是，他轉向他的孩子，她站在他的身後，正撫弄著塔吊捲髮，他突然意識到自己沉浸在痛苦裡是多麼的自私啊！他第一次回應她的安撫，說：「是的，我們要活下去，我的女兒 —— 為她創造生活的記憶！」

　　如果兩個才能和忠誠度都差不多的人發生爭吵，有可能兩者都是對的。漢彌爾頓和傑弗遜在脾氣和性情方面都完全不同，在一定程度上使得兩人在很多問題上都針鋒相對。當華盛頓任命傑弗遜為國務卿的時候，我不得不認為這樣做是為了壓制漢彌爾頓日益增長的權力和他的野心。華盛頓是正確的，很多偉人都曾這樣做過：選一個好的助手。漢彌爾頓做過很多屆的文書士官，當首長表示羨慕他的才幹的時候，他猜到自己是

被大材小用了。權力可以一直增長，直到被鎮壓，而當它被鎮壓的時候，無知的人就會被擠垮。華盛頓像蛇一樣狡猾，沒有自己出面與漢彌爾頓起正面衝突，他邀請傑弗遜去他的內閣，於是酸性被中和了，形成了一種可以安全控制的局面。

傑弗遜剛與他的愛女瑪莎一起從巴黎回來。他打算很快就回法國去學習社會科學或相關範圍的知識。目前，他已看到婦女暴動隊去凡爾賽宮押國王去巴黎，親眼目睹在封鎖線外架設隔離巴士底獄的障礙物；他曾與拉菲特和共和黨領導者關係親密，這在他的生活中是很關鍵的部分。如果不是華盛頓說服他在美國繼續忍耐，「僅僅為了現在」，他可能已經參與創作了卡萊爾的最佳圖書，與其說那是一本書，還不如說它是一部史詩。因此，在華盛頓為美國所做的貢獻中，推舉出湯瑪斯‧傑弗遜也是不可不提的功績一件，讓這位既有學問又熱愛和平的人才進了政治領域。還有就是漢彌爾頓對他的態度也讓傑弗遜的地位又上升了一層；而且傑弗遜是第一個了解到「美利堅合眾國」和英國用同一種模式是不夠的。

一個關鍵點！是的，對於傑弗遜、美國、甚至全世界來說都是一個關鍵點；因為傑弗遜身為一個掌舵者，帶領美國這艘輪船駛向一個遠離危險的淺灘，避免成為大不列顛的池中之物。漢彌爾頓不相信人民的觀點在傑弗遜這裡是得不到回應的。

他同意漢彌爾頓的「強政府」的觀點，政府官員無須數量太多，只要是明智的、正直的，就是最好的、最可取的政府。而

且，他進一步說明了絕對的君主制是絕對明智、絕對強大的制度，不是由人們想當然就能得到改進的。

在他的著作中，有一種接觸幽默的方式是漢彌爾頓和華盛頓都缺乏的。他可以自得其樂；但是在漢彌爾頓面前，誰也不敢開玩笑，更不用說華盛頓了。因此，當漢彌爾頓解釋「強政府」的成員，總統：華盛頓；國務卿：傑弗遜；財政部長：漢彌爾頓；軍事部長：諾克斯；總檢察長：藍道夫，這些都很合理，沒有人開玩笑。但是傑弗遜清楚地推測說權力是危險的，並且人是容易犯錯的。如果哪天像華盛頓這麼好的人去世了，另一個人將會取而代之，那麼政府裡現在握權的人就得控制他們的野心，限制他們的權力，為以後的人開一個先例。

身為一位政治家，傑弗遜在為以後的光明前途努力工作的過程中充分顯示了他的智慧，以及他放棄個人權力的意志力，只要有需求，他會以犧牲自我來成就國家利益。他被認為是排名第一的國家領導人，他自己也許看不到這一天，但這是確定的。一個國家領導人，是一個建立國家的人 —— 而不是一個政治家，正如一些人所說的，是死的。

後來也有人以傑弗遜為榜樣，但是在世界歷史上我都沒有發現有人比他做得更好，雖然他的手裡仍然握有重權，但是他更願意信任人民。

華盛頓的一個錯誤是拒絕領取薪資，為此，他給別人帶來了無盡的苦難，有些沒有娶到有錢寡婦的人都試圖遵循他為榜

樣，最終陷入深重的債務和恥辱，從而失去了對社會、對世界的有用性。還有很多的公共職位有很多的人來爭，因為沒有這麼多合適的人員。布賴宣稱能力稍弱但卻穩健的老實人，能夠主動積極參與合眾國的市政事務 —— 布賴是正確的。

當傑弗遜當上總統後，他一次又一次地向國會建議給出足量的薪資，以保證每一個部門的優秀人員的利益，建議為不可能爭取可能，並希望辦事人員不要「做事」如果沒有合理的報酬的話。

一個人如果在自己的土地上得到權力，總是特別興奮，剛開始是以民主主義者的身分進入貴族階層，然後變成專制君主，如果運氣不好的話，就會被他的人民罷黜。

這位男子出生在一個寬裕，幾近富足的家庭，並且從來不知道經濟的必要性（直到晚年煙草和奴隸遍布維吉尼亞，蒙特捷婁也一樣），這是不足為奇的。應該為他樹立一個關於簡單、節制、和兄弟之情的近乎理想的榜樣。

傑弗遜的主要功績有：

1. 起草《獨立宣言》；
2. 建議和實行現在的十進位貨幣體系；
3. 促成維吉尼亞與國家的契約，將西北地方作為他們的共同財產；
4. 花 1,500 萬美元從法國手裡購買路易斯安那州和從墨西哥灣

到華盛頓州西面的普吉海峽的領土，利息為每畝一美分，並為美國贏得全面控制密西西比河的權利。

但除了這些，還有他的愛國主義精神，使每一個真正的美國人意識到他是國家的一份子，而且在他的內心深處，他堅信：「一個民有、民治、民享的政府是不會滅亡的。」

# 第四章
# 塞謬爾·亞當斯

Samuel Adams，西元 1722～1803，美國革命家、政治家，麻薩諸塞州人。生於波士頓，畢業於哈佛大學。他積極參加革命活動，是「自由之子社」的創建者之一和領導人，反對食糖條例、反對印花稅條例、反對《唐森德稅法》，策動波士頓傾茶事件，震驚全美。他是兩屆大陸會議的代表，簽署了《獨立宣言》，參與起草邦聯憲法。1787 年，反抗州政府對農民漠視的謝伊斯起義爆發後，他支持詹姆斯。鮑登鎮壓起義。立憲會議後，他在聯邦黨與反聯邦黨人之間游移不定。他曾在西元 1794 年至西元 1797 年任麻薩諸塞州州長，1803 年他在波士頓逝世。

人民的意見現在正在議會被談論。他們的對手已經發展成為一個系統，他們聯合了起來，並且態度堅決。如果英國行政機關和政府部門不對中庸政策和公平做出一個回應的話，那麼他們標榜用來防止嚴厲措施的邪惡政策將會很快被通過，那就是殖民地的完全分離和獨立。

　　　　　　　　　　　　　　　── 塞謬爾・亞當斯

　　塞謬爾和約翰・亞當斯是堂兄弟，他們有共同的曾祖父。他們之間在許多方面都存在著明顯的不同，但屬於他們的真正的新英格蘭的本能是神學家。

　　約翰在政治上屬於保守派，起初有一點同情「那些拒絕繳納茶葉稅的小氣的人，還有那些使國家陷入戰爭的人，以及為了一點雞毛蒜皮的小事大動干戈的人」。約翰出生在智慧樹村，並且一直住在那裡。直到英國在波士頓關閉了所有的法律法院，他才真正將心思放到政治上來，因此他之前的專業則作廢了。他很有學問、很精明、善於外交、做事謹慎、本質善良、有點胖，而且對他的宗教視而不見。他很有福氣，他的妻子是一位完全可以勝任國王（或總統）的母親的女人。他過著舒適的生活，有豐富的財產，享年 92 歲。他曾當過總統，並且他的兒子也當過美國的總統，而這是一個前無古人，後無來者的經歷。

　　塞謬爾冷酷、嚴格，而且非常地嚴肅。他很少笑，從不大笑。他堅定地信仰宗教、良心和道德。在他的生活中沒有任何軟弱的情緒。當我們記得最好的時代精神是勞動分工的不同的

時候，他經營啤酒廠的事實可以被原諒，並不止這一點，我們應該做出說明，他對於他的生意漠不關心，因此他釀造的酒可以說是十分拙劣，對於這，我們也應該饒恕他。

在宗教方面，他脫離了正軌，但是從來沒有動搖過。他信奉喀爾文主義，時常百折不撓地固守其五點，在我們看來似乎很沒必要。

在第一次國會上，塞謬爾·亞當斯公開表示同意會議的開幕儀式與宗教事務，是由受人尊敬的達奇先生，一個聖公會牧師所安排的。達奇先生讓自己的意識來一個強烈的扭轉，同時也給他的朋友一次巨大的震撼。但達奇先生是用真正的精神在處理事情，他將自己討厭的「羅馬天主教儀式長袍」和祈禱書留在家中，即席作起了咒語，他的語氣無跡可循，使得清教徒異常高興，其中有一人還說：「他肯定是來自上帝的身邊！」

但是在政治上，塞謬爾·亞當斯是一位自由主義者。在政策上，各式各樣的異端邪說不會讓他有所改變，說到哈姆雷特，他則會說：「噢，改變一切！」

在每個人物身上加諸的所謂限度是為了防止有人在多方面成為天才，宗教迷信者在政治上通常是自由的，反之亦然。比如說，醫生在宗教事務上必然是自由的，但是傾向於稱一個不屬於他們學科的人為「先生」；正統的神職人員被注意到通常是順勢醫療論者。

在那本叫作《約翰·亞當斯的日記》的既有價值又有趣味的

著作中，作者反覆強調塞謬爾‧亞當斯是「亞當斯」！簡單地使用「亞當斯」的方式顯示了全世界時這個人的崇敬之情，而其他的人也競相模仿這個著名的名字。因為有了這個先例，我也在名字後加一個尾碼，讓別人簡單地叫我「亞當斯」。

根據喬治國王的裁定，蓋治將軍建議赦免兩個被認為參與了波士頓起義的人。

這兩個光榮的人就是約翰‧漢考克（他的簽名國王可以不用戴眼鏡就看得清），另一個是「S‧亞當斯」（編者按：「S‧」是塞謬爾的縮寫）。

然而事實上，亞當斯是真正的違法者，還為約翰‧漢考克作了辯解，如果不是出了意外的話，亞當斯和漢考克可能進了他們國家的皇室了。

漢考克是貴族出身，有文化、有點自滿。他在新英格蘭是首富，他的個人愛好是支持和平和建立秩序。但由於環境的原因和亞當斯的機智和熱情讓他無緣於衛兵。就在他無所事事的日子裡，叛亂的種子已經在他的頭腦裡生根發芽。而他越是想，越是覺得他的觀點是正確的。但是，如果真理要求，為了讓事實進一步得到確認，那就是無論是約翰‧漢考克還是塞謬爾‧亞當斯第一個大膽地表達了美國獨立的想法，其起因都是由於個人的不滿。

不知道是誰在英國議會提出一項簡單提議，並由議長付諸表決，讓塞謬爾‧亞當斯的父親聲敗名裂，並且剝奪了年輕的

塞謬爾‧亞當斯的所有繼承的遺產。

這個男孩那時候剛 17 歲，也已經能夠知道他的爸爸從富足變得一無所有，這是因為三千里遠的英國干涉殖民地的事務，讓私人銀行業變得不合法。

然後這個男孩提出這樣的問題，英國憑什麼可以統治我們？

經過仔細思考，他開始尋找原因。他從古時候的事情開始想起，並將所有的事連貫起來考慮。西元 1743 年，他在哈佛大學準備他的畢業論文的時，他將他的論題定為，「在國家沒有保護的情況下與最高裁判抵抗法律條文。」

當麻薩諸塞州承認她隸屬於國王，但又極力爭取撤銷英國議會的法案的權利，她採取的是與一百年後的卡羅來納完全相同的理由。塞謬爾‧亞當斯和羅伯特‧海恩的邏輯只有一個，而且是相同的。

然而我們很高興亞當斯堅持他的觀點；我們也很高興海恩失敗了，奇怪的是這就是我們所謂的「原因」。

保皇派的人聽說有這樣一個邏輯思維強的年輕人，毫不吝嗇地公然抨擊他。有少數報紙支持他，支持言論自及其他，反覆地刊登他的整篇文章。在接下來的爭辯中，年輕的亞當斯明顯地成了焦點人物。他不是公共意義上的演說者，而是一個拿起筆隨時準備應戰的人，波士頓的報紙不斷地對他進行輪番轟炸。

新聞業採取的這種伎倆在這個世紀末已經不是什麼新鮮事

了。年輕的亞當斯用「為了公共利益」作為筆名發布信件，然後又用「雷克斯‧美國」做為署名回覆了它們。他沒有遵照自己的座右銘，「不要叫左手知道右手所做的」，因為他用兩隻手寫東西，而兩邊都是祕密的。

他從大學畢業後的幾年做了商人，而且是貧窮的商人，因為一個人如果只顧公共事業則沒有什麼可以照顧他自己了。但是他成功地解決了，有時候被債主逼得很緊，就從漢考克，或者說漢考克的代理律師約翰‧亞當斯那裡借來一筆錢，緩解了壓力。事實上，如果他「為了非常重要的任務」要去費城，他騎的馬也是從約翰‧亞當斯那裡借來的，而且他的假日大衣也是一位考慮周到的朋友送給他的。

西元 1763 年，英國政府頒布一條規定，要求殖民地對其進行交納貢奉。受到一個委員會的邀請，這個委員會有可能是亞當斯任命的，亞當斯被要求對殖民地立法機關的代表制定指示檔。亞當斯照做了，檔案現在還存放在波士頓舊國府的檔案室裡，其通俗和優雅的書法很容易辨認。這份檔要求，「首次公開拒絕英國議會在未經殖民地同意的情況下徵稅，而且首次公開建議成立一個部分殖民地的聯盟，以保護自己免受英國的侵略。」

這份檔案通俗易懂、態度堅決，並且具有很強的邏輯性，它對所有該說的和能說的事都提出了建議。亞當斯觀察了周圍的人對於這件事的態度 —— 沒有人對此表示驚奇 —— 對此他

已經研究了 25 年。他熟悉每個國家的政治歷史，只要是能搜集到的資料，他對於他所研究的方向非常精通。

然而，在他 40 歲的時候，他身邊的同伴很少，有的也是沒有什麼身為的人。卡爾克俱樂部是策劃叛亂的據點，其成員有很多是勞工。但是獨立的思想逐漸滋長，在西元 1765 年，亞當斯被選舉為麻薩諸塞州殖民立法委員會的成員。因為他優秀的寫作才能，他成為了立法委的書記員，正如在公眾集會上的優秀演說家被選舉為總統，優秀的新聞工作者成為祕書一樣。這也正是不同榮譽的分發，因此也表示在公眾心目中，有才能才是最珍貴的。

西元 1772 年 11 月 2 日，在亞當斯的提議下，一個由好幾百市民組成的委員會成立了，「為保證殖民地的權益，為殖民地能作為一個鎮與世界對話、向世界公開，不時地與已經發生了或可能發生的侵權和違約行為做抗爭；同時還要求每一個鎮之間互相溝通。」

這就是通信委員會，後來發展成為殖民地聯盟和美國的國會。這就很好地證明了首次建議費城議會的是塞謬爾·亞當斯，而且其主要議題也是來自他的。

英國政府很清楚地知道煽動美國獨立的主要人物是誰，當蓋治將軍在西元 1774 年 5 月到達波士頓後，他的首要任務就是試圖買通塞謬爾·亞當斯。因為亞當斯不買帳，英國將可能採取一個調整政策讓美國一直處於其統治之下 —— 是的，關鍵是

把政府遷到這裡，將那個小島則作為殖民地，因為不論是財富還是人口，美國都遠遠地超過了英國。

但是亞當斯不會坐以待斃。他這樣答覆蓋治：「我堅信我能讓我的國家得到和平。沒有任何的個人私利可以讓我放棄我的國家。」

蓋治拒絕承認由民眾任命的來自麻薩諸塞州普通法庭的 13 位顧問，而祕密任命了五名代表出席費城的殖民地會議。當然塞謬爾‧亞當斯也是其中的代表之一；約翰‧亞當斯是另一位代表。在這裡，我們必須花上一分鐘的時間來描述一下這次重大的會議。

國家宮殿為代表們安排了一間房間，但是他們客氣地拒絕了，住在了造船公司的宿舍裡。

然後在西元 1774 年 9 月他們舉行了一次有組織的遊行。44 人參加了這次遊行 —— 雖然不是很大的集會，但是他們步行了好幾百里遠，而且有一部分人還將這個旅行持續了好幾個月。

他們是如此地堅定不移！女士也一樣！我想他們值得我們對他們進行仔細地考究。在人群中有幾頂浣熊皮帽子，也有鑲花的荷葉邊，還有來自英國天鵝絨 —— 但是他們有一個共同點就是秩序。在這些人中，沒有幾個曾經離開過他們的殖民地，沒有幾個見過國會的成員。他們代表了不同的階級，每一個人都代表著他們階級其他所有人的利益。這幾個殖民地還和其他殖民地起過衝突。

在那幾天裡，甚至要走上好幾裡路才能看見一輛過去的馬車，因此看見陌生人就成了一件大事了。那些人一看到他們，黝黑的臉上就顯露出膽戰心驚、緊張不安的表情。嘴角抽搐，用他們那粗大卻皮包骨頭的手到處尋找可以隱藏的地方。

會議原定在 9 月 1 日舉行，但是因為等待被洪水圍困的代表而延遲了五天。即使是這樣，卡羅來納州北部的代表還是沒有到達，喬治亞州則認為不值得派人去，因此只有十一個殖民地的代表出席了會議。出席了會議的代表很自然地團結了起來，就像有著艱苦奮鬥的歷史和先鋒的祖先的人們一樣意志堅定。

這是一次嚴肅而神聖的會議，出席會議的人不容許有任何的輕率。他們一坐下來，就立刻變得鴉雀無聲，彷彿可以聽見他們緊張的心跳。偶爾腳步的移動都可能在會場引起迴響。

首先打破沉寂的是來自卡羅來納州南部的代表林奇先生，他站起來用低沉卻清晰的聲音說道：「今天在場的有一位曾經因為他的出色主持，為盛大機構贏得榮譽，為美國贏得利益的男士。先生們，請允許我隆重地介紹今天的會議主持人，來自美國維吉尼亞州的尊敬的佩頓·藍道夫。我相信大家都會同意的。」

接著，一個高大的男子戴著粉狀假髮穿著大紅外套出現了，他手上握著金頭手杖，毫不客氣地走上臺。

這些穿著粗布衣服的的新英格蘭人你看著我，我看著你，

臉上表現出驚惶失措的表情。紅色外套先生並沒有讓他們安心，但他們繼續表示出他們對和平的堅持，祈禱他們的敵人不會使用策略控制公約。藍道夫先生的第一條建議是不革命；而是委任一個部長。

林奇先生又一次站了起來，叫了查理斯‧湯瑪斯的名字，「一個擁有家庭、財富和鮮明性格的紳士。」這證明家庭和財富不是麻薩諸塞州男子的專利，但他們什麼也沒說，只是等待著接下來的發展。

所有的人都很謹慎，大陸會議祕密舉行的建議被採納了。所有的成員都舉起了他們的右手表示贊成，還莊嚴地承諾說不會將會議內容洩露出去；賓夕法尼亞州的加羅韋向其他所有的人承諾，會在第一時間向大家報告敵人的一舉一動。

第一天什麼事都沒有做，只是大家都小心謹慎地談話。第二天來了一個有名的成員，坐在前排的位子上，他叫理查德‧亨利‧李，這個人你可能在很多交際場合都可以見到。他黑黑的、瘦瘦的，有著明亮的眼睛、清晰的輪廓 —— 一萬人中才有一個人有這樣清晰的輪廓 —— 李的出場讓人感覺很親切。他的聲音很溫柔，很有磁性，他的舉止很得體，很有尊嚴，這些使得他在那個時代很快成為最受歡迎的演說家。

在他旁邊坐著的是來自紐澤西的威廉‧里溫斯頓，還有他的女婿約翰‧傑伊，他是議會裡最年輕的一位，一看就知道有很好的性格和輝煌的前程。

賓夕法尼亞州的人都坐在一起，彷彿一個團隊。來自紐約的都安尼坐在他們旁邊，「臉紅紅的，眼睛不敢直視，非常明智，非常有技巧」，約翰·亞當斯在那晚的日記中這樣寫道。

　　另一邊坐著來自南卡羅來納的克里斯朵夫·蓋德斯登，在此之前，他已經宣揚了整整十年的獨立了，當他聽說英格蘭軍隊已經占領了波士頓，提議立即組建一支軍隊，只要看見英國軍人就襲擊。

　　「但是如果我們與英國敵對的話，他們會燒了我們的海港城市。」一些膽小的人解釋說。

　　「我們的城鎮是用磚頭和木材建立的，如果他們燒毀了我們可以再建。但是自由一旦失去了就永遠也回不來了。」他反駁道。

　　有一個人一直靠牆坐著，早上做祈禱的時候，他比別人都高出半個頭。他的臉很寬，他，也有很好的臉部輪廓。他的嘴巴緊閉著，在會議開始的這十四天裡，他從未開口說過話，在他沉默了那麼久之後，終於打破了沉默：「總統先生，我支持他的提議。」在熱情的演講過後，林奇先生對著他，並用手指指著他說：「有這樣一個人，他沒有在這裡講話，但是在維吉尼亞會議上他作了我聽過的最精彩的演講。他說，『我將組織一千個人，訓練他們，用我自己的錢供他們食宿，讓他們為波士頓的解放作戰。』」然後，這個名叫喬治·華盛頓的高個子男人，像一個小學生一樣臉紅了。

但是在那一次集會上，最受關注的是來自麻薩諸塞州的五位代表。他們是包道因、塞謬爾‧亞當斯、約翰‧亞當斯、蓋施英和羅伯特‧垂特‧裴恩。因此需要從麻薩諸塞州選出與英國抗衡的領導。英國軍隊在這塊土地上駐紮，她的主要城市已經被包圍了──港口被封了。她的遭遇促成了這次會議的舉行，而她的成員也必須來參與。在會議上大家都認出塞謬爾‧亞當斯是會議的主要負責人。他親手寫的邀請函，言辭懇切，希望大家能來參加。加羅韋寫信給他的朋友說：「塞謬爾‧亞當斯吃得很少，喝得很少，睡得很少，但是思考得很多。對於他所追求的目標，他很堅決，而且不知疲倦。在他的英明領導下，成功地解決了費城和新英格蘭的內訌問題。」

　　然而塞謬爾‧亞當斯在會上說得很少。他讓約翰‧亞當斯陳述情況，而他只是坐在一旁提供資料，偶爾站起來作作評論，或者用一種純屬會話的語調解釋一下。但這種做事認真，並給人留下深刻的印象就是他的方式，他回答每一個問題都如此精練，並會認真回答每一個反對的意見，他的話語裡所包含的正義和正直讓一個名叫派翠克‧亨利，高高的、消瘦的、長相平凡的人徹底信服了。派翠克‧亨利剛開始完全信服了，但是波士頓事件的敘述激怒了這個維吉尼亞人，他作了美國國會第一個也是唯一真正的演講。他用激動的語言描述了長期遭受苦難的殖民地的情景，用他那無比雄辯的口才告訴大家接下來該採取什麼措施。在他的演講中，他唯一稱讚的就是塞謬爾‧

亞當斯的才幹，還說這個「首次國會會議的無限成功」所帶來的好的效果是因為塞謬爾‧亞當斯的工作。在後來的幾年裡，亞當斯也回贊說，如果不是派翠克‧亨利的口才的巨大威力，第一屆美國國會將只是一場無用爭吵。

南方在很大程度上將波士頓的戰爭看作是麻薩諸塞州自己的事情。因此讓13個殖民地採取爭吵然後折回波士頓附近的殖民地軍隊是讓事件取得成功的唯一方法。而為了讓各個分裂的殖民地聯合起來，一定要選出一個維吉尼亞貴族當領導者來處理外交事宜。

約翰‧漢考克繼承了藍道夫成為了第二屆美國國會的總統，於是維吉尼亞變得不太被重視，這時候約翰‧亞當斯在一次熱烈的演講中提名喬治‧華盛頓身為大陸軍隊的總指揮。這個提議被塞謬爾‧亞當斯祕密地再次提出。那次選舉，南方代表被要求支持華盛頓，同樣的，新英格蘭也一樣。這整個的計畫很可能都是由塞謬爾‧亞當斯安排的，然而他卻將責任歸功於約翰‧亞當斯，因為這對當時是首席辦事員的約翰‧漢考克是不利的，這樣等於是與他作對了。

但是亞當斯有辦法將對立程度降低到最小。他一直關注著他們，在適當的時候會提拔一下這個或者那個。對於管理人員他是很有藝術的，並且從來不會讓他們知道他在管理他們。他一直躲在背後，可以達到擔任領導者不可能達到的目標，他讓自己一直保持鮮明的個性，因為個性有時候能吸引人，也有時

會造成背叛，個性太張揚的人勢必不好辦事。亞當斯清楚地知道培裡克利斯的魅力在於他從不仰頭張望，而是腳踏實地，注視著雅典的街道。

亞當斯的所有的著作最近被整理並出版了。人們驚奇地說，這麼有價值的資料怎麼沒有早公諸於眾呢？它的文學形式，和它清晰的說明都很激勵人心，以及他的資料的價值都是不可否認的。

從來沒有人責備過亞當斯是一位不嚴謹的思想家，你承認他的前提是你必須接受他的結論。他從來不留下任何的漏洞。

下面這句話是引用查塔姆的，來自一份說亞當斯將準備工作作為重要的部分的檔：「當閣下看到從美國流傳過來的報紙的時候，當你看到他們的得體大方、堅定不移，以及聰明才智的時候，你不得不尊敬他們，並希望這些成為你自己的東西 —— 我曾經讀過修昔底斯（譯者按：希臘歷史學家）的書，我學習並敬慕這些世界上主要的政治家 —— 他們在複雜的艱難環境下的堅定的理由、敏銳的洞察力、以及作出的英明的結論，沒有人比費城的議會更加有優越性。希臘和羅馬的歷史教給我們的不是別的，企圖在這個擁有強大人民的土地上實現奴隸制度簡直是妄想。」

在亞當斯的生活中，沒有軟弱的情感，也沒有浪漫的行為。「他是一個清教徒，這一個詞就足以概括他，而且他對獨立有著堅定不移的盲信。」蓋治這樣寫道，對他的描寫真是恰如其分。

他結過兩次婚。我們所知道的是他的第一任夫人非常纖細，他的第二任夫人，伊莉莎白‧威爾斯，是一個英國商人的女兒，她是一個能幹的女人，勇敢，而且有思想。他接受他丈夫的政治意見，並且以一個女人的方式全心全意地支援他；在戰爭爆發的黑暗歲月裡，承受著免職的痛苦也毫無怨言。

亞當斯的家庭生活幾乎是處於困境的邊緣。他的經濟狀況一直不好，在他生命的最後幾年，他才第一次從痛苦的壓力中解脫出來 —— 他的唯一的兒子的死亡，他的兒子本是華盛頓軍隊裡的一位醫生。政府將他的兒子的服務費給了這位父親，這是他的第一筆大的經濟來源。在他死後，他的兩個女兒雖然還在，但是已經不姓他的姓了。

約翰‧亞當斯在塞謬爾之後還活了 23 年。他活著看到了「偉大的美國實驗」 —— 英國散文家羅斯金喜歡這樣稱呼我們的國家 —— 打下了堅實的基礎，並且變得越來越強大。他活著見識到了塞謬爾的充滿自信的預言得到了實現。

許多的人來瞻仰塞謬爾‧亞當斯的墳墓，人數之多超過任何的美國愛國者。老穀倉墓地位於波士頓的中心的垂蒙特大街上 —— 那裡交通擁擠，兩條小溪從那裡會合 —— 你可以從鐵欄杆望過去，它很細長，因此阻礙不了你的視線，距離圍欄不到 20 英尺遠的地方有一個簡單的金屬的圓盤，被鑄在一根鐵棒上面，鐵棒一直插到地裡，圓盤上面寫著：「這代表著塞謬爾‧亞當斯的墳墓。」

因為之前很多年，這個墳墓都沒有寫上標記，而且現在作
為標記的圓盤也是最近才由美國革命之子裝上去的。但是塞謬
爾·亞當斯在歷史上的地位是不可動搖的。對於他生活的那個
時代，他帶來意味深長的影響。而他，不僅影響了他所生活的
時代，也影響了後來的所有世代，他在人民心中留下了永不磨
滅的記憶！

# 第五章
# 約翰・漢考克

John Hancock，西元 1737 ～ 1793，美國革命家、政治家，富商出身。他曾任大陸會議主席，是獨立宣言的第一個簽署人。由於他在宣言上高貴的親筆簽名，英文中「約翰・漢考克」成為親筆簽名的代名詞。漢考克於西元 1780 年至 1785 年任麻薩諸塞州州長。西元 1787 年他在選舉中戰勝詹姆斯・鮑登再次任州長直至西元 1793 年，謝伊斯起義被鎮壓後他赦免了丹尼爾・謝伊斯等起義領導者。立憲會議以後他主持麻薩諸塞州對憲法的批准會議。

最近從胡姆中尉那收到你的來信，從他信中得知關於商品稅（印花稅）的消息，這個新引進的稅種讓人懊惱，如果加以實施的話，可能會造成整個貿易的癱瘓，這裡的主要商業將沒法營業了。所以我們一致表示反對。現在很混亂，十一月一號以後會更加混亂的，除非能夠撤銷這個稅種。它的執行結果將是不堪設想的，會引起許多的麻煩，這對於你們來說更要命。我對這件事情無比地恐懼。

—— 約翰‧漢考克

很久以前，人類社會最初形成時，一個社區就那麼一個懂點學問的人，而這個人就是牧師了。每個非常時刻都會有牧師的出現：他教導年輕人，他醫治病人，開導困惑的人，而當人走到盡頭，一切救助都無效時，牧師又出現在垂危的人身邊，跪地禱告以求得上帝賜予力量。

所謂的高學識職業也不過是勞動分工的範例。通常說來，有學識的職業包括神學，醫學和法律三種，而到底哪種是最偉大的職業是個頗有爭議的問題，對這個問題的長期爭執，讓人難以下定論。這裡我也只好避開這一爭論，同時我還認為有第四種有學識的職業 —— 雖然有學識的職業指的是那些高雅的 —— 但在我的頭腦中，教師這個職業比其他的都要偉大。我深信，一個社會可以沒有醫生，沒有律師或是沒有牧師，但是教師是一定需要的。無知和罪過是三種「有學識的職業」存在的基礎，但教師催發的卻是存在於每個心靈的智慧種子。

當然，現在這些職業再次被細分了，像一個單細胞上又長出多個細胞來。比如說醫學，人體有多少器官，就有多少個專科了。一個版權，專利權方面的顧問律師可能對其他領域一無所知，就如他們自己所說，如果一個人兼任顧問律師與辯護律師，這是對委託人的不負責。在所有繁華都市的教堂裡，早上深受喜愛的布道者，到了晚上卻讓學徒去給年輕人布道，且從不對他的會眾進行心靈的訪問。在葬禮上致悼詞的助理牧師從來不會在婚禮上證婚，除非是慈善之舉。同樣的情況也出現在教師這一職業，教希臘語的老師英語不好，教作文的卻搞不懂長句結構，教數學的看不起教園藝的。

沒有人知道人類社會的這場分工和再分工是什麼時候開始的。可以肯定的是所謂的專家是很危險的人。他就像個小電動圓鋸，聰明人都不敢碰他。一個外科醫生，關心的只是五次闌尾炎手術的成功，曾經有個人肺部有毛病，不小心卻誤打誤撞到了眼科醫生那裡，眼科醫生對他進行了檢查後把他送去了進行光學儀器治療。如果你不小心誤入了鼻科或是喉科去治療靜脈曲張，喉鼻科醫生可能會給你來個鼻子灌水。

甚至，在當前，一個神學專家，如果他能夠的話，將會帶著我們去追逐「磷火」，最後卻把我們晾在了沼澤地。在以前的日子裡，事實上造就牧師的正是那諸多的職責，讓他的腦神經得到了最大限度的鍛鍊，成了一個全能的人，而不僅僅是專家。其實在那時致力於成為專家的人也不少：比方說，主教士

喬治斯安珀洛斯，在十五世紀出版了一本學術專著，證明女性是沒有心靈的。類似的書還有衛理公會主教南教堂牧師休伯特西元 1859 年寫於納什維爾，田納西州的一本書，書上說黑人也有著同樣的問題 —— 沒有心靈。發生在危險的專家中另一個更高級的例子是科頓・馬瑟，他研究了魔法，並發行了一個小冊子宣傳他的觀點。誠然他至少成功地說服一個人相信魔法的真實性 —— 那個人就是他自己，塞侖鎮也因此有了不朽的名聲，不然人們也記不住這個小城 —— 除了霍桑曾在這裡的海關做過小職員。

對於殖民地歷史稍有了解的學生都會知道，長達兩個世紀，新英格蘭的地方長官與中世紀的牧師在社會中占據一樣重要的地位。修道士從前人那裡繼承著知識，新英格蘭的地方長官保存著文化，使之不流失。除了在地方長官家，其他地方很少能看到書的影子。在十七世紀，一直到十八世紀之初，地方長官集醫生、律師、布道者和教師於一身。就像洛厄爾所說：「在我的記憶中，我父親的房子裡總有一個或多個學生，並且不斷有人過來誦經，這是最尋常的。是地方長官把孩子們領進了大學的殿堂，任何一個學生要是想進入大學，都必須經過當地教士的訓練。」

在宗譜中，我們還發現幾乎所有的新英格蘭傑出的人都是地方長官的兒子，或者他們的祖宗中出現過一個或多個地方長官。後來，地方長官的職能慢慢退化了，藝術和知識上的專業

分工很大程度上削弱了他的力量，漸漸變成了僅是智力和道德上的一種力量。以至於 40 年後，牧師的兒子是無賴成了至理名言。而在殖民時代，地方長官的兒子是一個年輕人最好的名片。

約翰‧漢考克牧師是愛國者約翰‧漢考克的祖父，老約翰‧漢考克在麻薩諸塞州萊辛頓擔任了長達半個世紀的地方長官，並且是唯一的地方長官。在新的改革下，在一個社區存在著數十個布道者，造成了教會中的激烈競爭。

約翰‧漢考克，萊辛頓的主教，是個很有個性的人，這從他那呈列在波士頓的藝術展覽館中的繪像中也可看出來。他對這個鎮子的管理採取的是大棒政策。當裝飾禮拜堂階梯的年輕人有所不恰當行為時，他就會停止禱告衝出來拎著他夠得著的一個失職者的耳朵，大聲訓斥。在他周圍有那麼一群友好的人，不讓他太操心，過度操勞可不是好事，這樣他也不至於太累。老約翰是個聰明的仁慈的獨裁者，他的管理堪稱優秀。他大方，直爽，開放，這也是他吸引人之處，由於這樣，他說話很有分量，他的意志也總能得到實現。

這個長老的房子現在還在萊辛頓。如果你從劍橋和阿靈頓國家公墓出來去康肯德，順著英國人去康肯德的路，就會經過這個房子。那是個很好的休憩之地，認出房子很容易，門前有個牌匾上面寫著一個傳奇：就是在這裡，西元 1775 年 4 月 8 日晚上，正在沉睡的約翰‧漢考克和塞謬爾‧亞當斯，被保羅‧里維爾喚醒。

牧師瓊拉司‧克拉克在牧師約翰‧漢考克之後擁有了這個房子，他們兩個人對這個鎮的統治，以及對這個房子的擁有長達一百多年之久。約翰‧漢考克的十三個小孩在這裡出生，長大，變老。在這裡，我相信你會受到我所受到的那樣的熱情款待。如果你的旅程在那裡稍微延遲的話，你可以看到一個八十多歲、精緻的、慈母般的老奶奶，留著像臘腸一樣捲的捲髮，高高地紮在後面，穿著合身長裙和氈製拖鞋。她會跟你講述當年她的母親還是個小女孩的時候，長老漢考克讓她母親坐在膝上，看著她讀著作的情景。

　　當你離開的時候，你會再想想剛才聽聞的，當你在臨走前再回頭看一眼，房子堅定而又嚴肅地立在那裡，時光痕跡斑斑，歲月蒙塵，卻遮掩不住它的那份高貴與尊嚴，你會不由得脫帽，致敬，低聲嘆到：人生在世輝煌，去時卻總如影。

　　「就是在這裡，約翰‧漢考克和塞謬爾‧亞當斯正沉睡，被保羅‧里維爾喚醒。」商界王子與政治家，你們現在在哪裡呢？你們的睡夢被英國的軍人「嘶嘶」作響的燧發槍打擾了嗎？

　　大紅的燈籠高高地掛在古北教堂的塔樓上，英國艦隊停靠在停泊處，潮汐中他們自由的晃蕩。遠處飛馳戰馬的鐵蹄的催促聲，召喚聲在回蕩著，回蕩著，隨灰暗過去的晚風飄過來，你卻沒能聽見……

　　萊辛頓的約翰‧漢考克牧師有兩個兒子。他的一個兒子小約翰‧漢考克後來也成了布萊恩樹鎮——也就是後來的昆西鎮

上北部教堂的牧師。

　　與鄉村牧師挨得最近的便是鞋匠，農民約翰·亞當斯。每個星期六，在約翰·漢考克的禮拜堂的某個角落裡集聚著梳洗整齊的亞當斯的一家，他們祈禱著。約翰·亞當斯的兒子是牧師約翰·漢考克洗禮的，也叫作小約翰，比牧師的兒子大兩歲。小約翰·亞當斯，與約翰·漢考克三世經常在一起釣魚，游泳，採野果，捕松鼠，並互相幫忙剖解松鼠。然後一起爬樹，摔跤，有時還打架。小小約翰·漢考克是打架的好手，而小約翰·亞當斯是捕捉松鼠的能手。

　　老約翰·亞當斯非常的勤快，節儉，小農場也辦得火紅，主要是波士頓提供了很好的市場。每週都要駕著單匹馬車去一趟波士頓，由小約翰·亞當斯駕車，小約翰·漢考克壓艙。亞當斯家族對小亞當斯的將來是抱有很大期望的，希望他能去哈佛讀書，成為布萊恩樹鎮，或是威曼斯，甚至是波士頓的牧師。

　　後來，牧師約翰·漢考克二世死了，寡婦母親沒有能力供小約翰·漢考克上大學，日子過得很艱難。

　　但是小約翰·漢考克的叔叔，湯瑪斯·漢考克，是波士頓非常富有的商人，對小約翰也是喜愛有加。叔叔收養無父的小約翰是合情合理的，但是小約翰的母親不同意。幾個月以後她還是想通了，讓叔叔收養是最好的選擇，到了 21 歲，收沒收養，他都依然是她的兒子。後來，叔叔收養了小約翰，讓他過上了錦衣玉食的生活，送他去拉丁學校，去劍橋讀書……

富有對於年輕人的成長來說是個很大的考驗，很少的人可以經受住這個嚴酷的考驗。儘管穿著華美服飾，小約翰還是經受住了這個考驗，順利地去了哈佛。雖然拿的獎學金沒有約翰·亞當斯多。但是，如同任何的富人跟窮人之間的關係，這昔日的兩好友之間明顯地滋生出了的陌生感。當然他們之間的隔閡是可以超越的，畢竟往日手足情深嘛。

　　小約翰·漢考克的母親想他成為個牧師，但是他叔叔呢，當然不會沒有忘了他的昔日好友。他把好朋友們都接過來，一起享福。其中首當其衝當然是約翰·亞當斯了，當時正是布萊恩樹鎮的一個年輕奮發向上的律師。

　　客戶稀少，薪酬低微。雖然約翰·亞當斯不是被美酒佳餚所吸引，在接受約翰漢考克的法律顧問一職時，他也沒有猶豫，搖身一變，躋身步入了上層社會。他拍了拍漢考克的肩膀，保證自己是漢考克利益的絕對維護者，同時憑良好服務收取不菲酬勞。

　　在亞當斯布萊恩樹鎮的家裡，漢考克見到了沉默寡言的塞謬爾·亞當斯。這個人約翰·漢考克早就聽說了，卻一直沒有機會結識。塞謬爾比約翰·漢考克大十五歲，他那安靜的高貴和自尊給約翰·漢考克留下了深刻的印象。約翰邀請塞謬爾去他家做客，但是這個安靜的修道者既不打牌又不喝酒，也不跳舞，所以婉言謝絕了。

　　但後來不久，他向約翰·漢考克借了筆數目不大的款，他

借的那麼理所當然，截然不同於那些奉承者、馬屁精、哀求者、祈求者，約翰·漢考克答應了，並對塞謬爾的方式挺欣賞的，雖然他拒絕了社交往來，卻在借款上表示了友好。

塞謬爾·亞當斯是個政治家，很久就在鎮上積極開展集會活動。確實，有塞謬爾在身邊，是個不錯的軍師。他頭腦清醒，思維縝密，深諳人心。他話不多，沒有小政客那般愛交際。但是他能很好地不知不覺地操縱人，諳悉其中的技巧。毫無疑問，塞謬爾對自己的這種能力很是自豪，堅忍的特質使得他能不動聲色地牽著別人的鼻子走。

在波士頓及周圍地區，塞謬爾的影響不是很大，在波士頓以外，四十歲的他更是無人知曉。在鄰居們眼裡他只是個沒有危害的狂熱分子，在絕大多問題上正常，只是整天像只蜜蜂樣嗡嗡道：殖民地應該脫離英殖民者的保護。塞謬爾放任自己的生意不顧，在報紙上連續發文章，針砭時弊。而人們把這種人看作是怪物。專業的新聞作者並不關心所謂的使命，在乎的是賺錢。所以他們寫文章討好雇主，如果報社是自己的，他也還是討好雇主，這時雇主就是大眾了。記者，這個名稱等同於拉皮條的人。

三百年來，那些偷偷地爬上樓梯，掖著想發行的手稿的記者，鄭重其事，兢兢業業，得到的卻只是編輯們的嘲笑，怒責和可憐。而塞謬爾就是這樣的人。他的妻子辛苦操勞，經營著雜貨鋪，可每次票款到了塞謬爾手裡都變成了赤字，所剩無幾。

然而，塞謬爾的聰明才智是不容恥笑的。當你面對面地站在他面前，你可以感受到這個人的力量，深感這是個人才，這種情況經常在我們面對個性強烈的人物時發生。而在波士頓，對這種內在價值最肯定就是約翰‧漢考克。

約翰‧漢考克，風華正茂，為人隨和，出手闊氣，深受歡迎。整日被捧地高高的。一個人被捧得越高，一旦他習慣了，就越渴望被捧。就像對酒精的渴望一樣。

約翰‧漢考克深受矚目，想得到更多的青睞。他被選為行政委員，這也是他叔叔曾經的職務。塞謬爾有一次無意提到上等人應該去大法院，約翰‧漢考克大表贊同。馬上被提名，在塞謬爾的幫助下輕易就獲選了。

這件事不久，「自由號」船被以違背稅收法為由沒收。這艘屬於約翰‧漢考克的船，祕密地裝運了一船酒，卻沒有繳稅。

波士頓的第一公民的船被傲慢的英國官員沒收，這件事引起了很大的轟動。造船所裡，工人們靜靜地等待著，在卡爾卡俱樂部，祕書長塞謬爾發表了熱情洋溢，態度堅決，言詞激烈的演講，支持為波士頓做出大量貢獻的約翰‧漢考克。

事實上，這其實是個暴動，英國軍隊的三個軍團被調到了波士頓。

這只是英國方面的第一步 —— 對美國方面施以軍事威脅。軍隊在波士頓等候命令，但是一些烏合之眾卻沒有在等待，

他們對士兵打加以侮辱，激將士兵不敢開槍，對士兵揮棒、扔石頭。最終，士兵們擺開了陣勢，一而再的退讓之後終於開槍了，五個人當場倒斃，烏合之眾也一哄而散了。

這就是歷史上的波士頓大殺戮。

英國軍團一定會羞愧於對如此一個小遊戲動槍。他們在匹茲堡，新南威爾斯以及芝加哥都有很好的表現。

暴亂很快鎮壓了，在混戰的另一邊，王室在海事法庭對約翰·漢考克提出了各種訴訟。最後責其對逃稅行為賠償高達30萬元的罰款，約翰·亞當斯身為代理律師，塞謬爾·亞當斯身為辯護律師，積極起訴辯護。

如果，王室勝出，這場官司將耗去漢考克的所有財產，情況萬分嚴峻。

漢考克拒絕採納塞謬爾向大法院院長哈金森爭取在大法院集合遊行的意見。由此有人稱漢考克性情冷談，保守頑固。大殺戮後的一年，紀念活動大量開展。陸軍上校漢考克參加了許多活動，卻沒有發表任何演說。

有人建議，為什麼不跟鎮上大傢伙說說呢？

所以，約翰·漢考克又被邀請去做了演講。觀眾很多，演講稿事先準備好的，演講充滿了智慧與愛國精神、當日的炙熱感情與雄辯口才，在很長一段時間裡都是市民們的談資。

一些對官司知情的人，大笑著，咆哮著跑到各個角落。塞

謬爾一句話也沒說。還有吹毛求疵的好事者傳言這個演講另有人捉筆，而漢考克是個不學無術的人。這個演講成了他生平的唯一一次。蓋治將軍撤去了約翰‧漢考克的陸軍指揮的職位。

漢考克被下令捉捕，塞謬爾‧亞當斯四處逃亡。

英國軍隊出軍萊辛頓去抓捕他們。幸虧保羅‧里維爾比他們提前兩個小時到達。當英國軍人到達時他們已經走了。

後來就有了逐出英國人的言論，所有法院紛紛關閉，包括海事法庭。商業鉅子終於鬆了口氣，王室與約翰‧漢考克之間的追捕與躲藏暫時結束了。

在過去的歲月裡，漢考克的豪宅裝飾著美麗的鮮花，穿著特製服裝的侍從站在門口，手裡托著銀盤。舞廳裡充滿了音樂與歡笑，而此時塞謬爾正在完成他的通信聯絡工作，號召 13 個美殖民地聯合起來，身為這個計畫的主要推動者，和曼徹斯特地區的唯一人員，他的時間都奉獻給了這個工作，他擬定了曼徹斯特的代表，我們知道其中有約翰‧漢考克，約翰‧亞當斯和塞謬爾‧亞當斯自己。

只有一無所有的人才能投入到抵抗當局的行動中來。回到最原始的狀態，耐心地等待，屏住呼吸逐出固執者，把這個國家推入戰爭與革命的熱潮。

處在冰冷世界的是漢考克，多虧了新英格蘭貴族包東英，才保住了性命。英國人沒收了他的豪宅，他的一切。

「一切都沒了。」塞謬爾鎮靜地說，「你知道，海事法庭的這個官司⋯⋯」

「我知道，知道。」

「如果我們可以聯合13個殖民地組成支軍隊，我們幾個齊心合力，可以獲得新的更高的榮譽。」

約翰·漢考克，富有躊躇滿志、追求快樂，毅然斷了自己的退路。卻被塞謬爾掌握了，被這個專業的煽動家，沒有任何可以失去的人掌握了。

蓋治將軍設法想要挽回一切，原諒這兩個人——塞謬爾·亞當斯和約翰·漢考克。約翰·漢考克關閉了通向保守的大門。約翰·亞當斯，漢考克的代理律師，捏著下巴，想了很久，最後決定上船，不管沉沒或是遠航，是倖存或是毀滅。

在內心深處，塞謬爾笑了，但他那冷冷的、發白的臉上卻沒有任何表情。

英國人知道漢考克是安全的了，在漢考克的豪宅裡住進了英格蘭的走狗珀西公爵，那裡的公寓，碟盤，擺設都是他所喜歡的。

戰爭在繼續。漢考克的雄心與日俱增。他的財產已經在英國人的手裡，現在他也一無所有了。如果趕走了英國人，他可以拿回他的財產，還可以得到勝利的榮耀。

野心快速蔓延。他以前所未有的認真態度研究兵器手冊，

熟讀俄國沙皇亞歷山大傳記。在哈佛，他讀這些是被迫的，現在讀得卻是饒有興趣。

第二次代表大會是個組織性的大會，跟第一次只是發發言不同。這次需要一個主持官，塞謬爾‧亞當斯無聲地把他的人推向了前面。他在大眾中傳播約翰‧漢考克是新英格蘭最富有的人，甚至是全美國，是很多緊急關頭的可依靠力量。

約翰‧漢考克坐上了指揮官的位子，這個榮譽席位。

他不知道站著的那個才是實權派，坐在椅子上的只是個形式，只是這場競爭的一個看客。被選的這個人人已經偏離軌跡了，對於這點誰也最的清楚的就是那個頭腦清醒，狡猾如狐的塞謬爾了。

漢考克想當上陸軍總指揮。戰爭正在曼徹斯特進行，主要的港口都封閉了，百業停滯。漢考克不僅僅是個士兵，更重要的是他是曼徹斯特的第一公民，指揮權歸他，也在理的，但塞謬爾認為這個不可能。

為了拉攏南方殖民地，給世界一個戰爭的理由，為了安撫有所失的貴族們，這個總指揮必須從南方選出。給漢考克主持官的職位封住是為了讓他不再多說什麼。

陸軍上校喬治‧華盛頓是個真正的英雄，在對英格蘭的戰爭中表現得非常英勇。他的身份是清白的，而漢考克還是個走私犯。約翰‧亞當斯提名了華盛頓，在塞謬爾的幫助下華盛頓

順利地當上了陸軍總指揮。漢考克的臉紅了一陣又白了一陣，震驚了。他雙手緊緊抓著椅子的扶手，很疑惑。

結果沒有任何異議。

身為國會的主持官，在國會通過的獨立宣言上，漢考克第一個簽上了名字。這也是漢考克最大的名聲了。管他浪費墨水和紙張，漢考克在宣言海報上大大地醒目地簽上了他的名字。當你閱讀獨立宣言時，首先引入眼簾的就是漢考克的簽名，回想起的是他的注釋「我想這樣國王喬治就不用戴眼鏡看了。」整個事件是那麼的戲劇化。話說粗體的簽名預示了大膽的性格，確實當漢考克吹著口哨越過叢林時，他沒有表現出絲毫的對危險的懼怕。「有意的示弱其實是強硬的態度。」德薩特如是說。漢考克有力的簽名就如同在波士頓坐著四輪或是六輪大馬車，騎馬侍從穿的是制服，僕人穿的是貴族家中的特定僕人服。

當漢考克寫信給華盛頓要求在軍隊裡任職時，聰明又遠見的首長首先對漢考克的功績大加讚賞，然後委婉表示很遺憾，沒有合適的職務配得上陸軍上校漢考克。他很明白漢考克愛國，但還沒有愛到可以接受一個低微的職位。

漢考克在戰爭中的八年的成績是有些被埋沒了。但是，還好他的性格裡沒有仇恨，他有時會破口大罵，但是不會留有怨恨在心中。他不允許個人的憎惡動搖他對獨立的忠誠。事實上，付出了的還是得到了一定的回報。

就在華盛頓就任總統前，他訪問了波士頓。他和漢考克，

當時的地方長官，兩人之間形成了一個尷尬局面，誰應該先主動拜訪對方，這是個禮節上的問題。雙方都在等待著，最後漢考克的痛風病成了個極好的藉口結束了尷尬。

在漢考克的一封信中，這樣寫道：「所有的上層社會都被邀請到我家，在外面我擺上大桶的白葡萄酒，供平民們飲用。」他一再地被選為波士頓州長，這也很好的說明了群眾對他的愛戴。因為過度的開支，他的財富消耗的很快，很多時候他都財政緊張，他的政策被認為是非生產性的。

身為州長，他最後的勝利是給立法機構傳遞了一個特別的消息，通知該機構，異域外國公司已經進入了本國，特別是首都。在廣告的欺騙下，大家都歡迎他們來到舞臺上，在道德的名義和口號下，參加演出。這股風應該煞一煞，所有的流氓和地痞都應該被懲罰。

在幾天以後，「異域外國者」演出了一場謝里丹的「醜聞事件」。在演出當中，治安官及一大群人衝上了舞臺，抓捕了所有的鬧事者。

在進一步的審訊中，第二天，「地痞與流氓」有了更好的理由自我辯護了。其中就有辯護律師哈里斯‧格雷奧蒂斯。因為沒有有效的拘留許可證，演員們被釋放了。

最後，劇院還是被關閉了。但是「平民們」卻瘋狂地為所謂的「權利」怒吼。最後，立法委員會撤銷了驅趕戲劇演員的法律。

漢考克在哈佛大學財務長任職期間曾失職，因為是州長才免除了挪用公款的拘留懲罰，並以後再不任職。死後九年他的財產利息都被用來償還他的赤字了。

約翰·漢考克的遺孀嫁給了斯科特船長，斯科特常年在漢考克手下掌管船隻，這個富有的船長驚叫道：「搭乘婚姻這艘船，現在我掌舵著漢考克的豪宅。」

州長漢考克沒有留下任何的傳記。他的有關紀錄只有在有關報紙段落，信件以及一些信件中找到。

漢考克有生沒能看到約翰·亞當斯擔任總統。積慮成疾，最後未老先衰，早在 56 歲便與世長辭了，帶著痛風病 —— 這種富貴病現在被稱為布賴特病。

32 歲以後，健壯的約翰·亞當斯在昆西時就說：「很聰明的一個人，在我很小時就相識，只是被巨額遺產寵壞。」

他沒有子嗣，他的繼承人也沒有意識去管理他的資料，他們既沒有保存他的有關資料，也沒有在他的墓前立下碑石，他的紀念碑還是最近由曼徹斯特政府立的。他後來被埋葬在位於垂蒙特大街的老穀倉墓地，離他墓地一步遠的是他的老朋友塞謬爾·亞當斯。

第五章　約翰・漢考克

# 第六章
# 約翰·昆西·亞當斯

John Quincy Adams，西元 1767 ～ 1848，美國第六任總統。他是第二任總統約翰·亞當斯及第一夫人艾比嘉·亞當斯的長子，是美國歷史上第一位繼其父親之後成為總統的總統。他二十歲就成了有名的外交官，曾出使歐洲多年，熟悉歐洲事務。西元 1817 年門羅總統上臺以後，亞當斯被任命為國務卿，任職八年，曾協助起草《門羅宣言》，解決與英國的許多糾紛，從西班牙手中取得佛羅里達，因此，被認為是美國歷史上「最有成就的國務卿之一」。西元 1825 年亞當斯當選總統，西元 1829 年卸任後被選為國會眾議員，直至逝世。

感謝立法會議的指導，感謝行政及其附屬部門的協助，感謝各州政府的友好合作，感謝人民的坦率而慷慨的支持，迄今，也許所有誠懇的孜孜不倦的努力及付出的無限的熱誠都是值得的。我應該盼望為公眾效力，也許某天就能夠取得成功。我知道「若不是上帝願意守護這座城池，看護者即使夜夜無眠的盡心盡力也是枉然，」我保證用熱忱之心虔誠地祈禱上帝的恩惠，以謙虛無畏的信心爭取掌握自己的命運和國家未來的前程。

　　　　　　　　　　　　　　── 約翰‧昆西‧亞當斯

　　離波士頓以南九英里處，從古老海洋鋪滿扇貝的海岸退回來一點點，那裡就是布萊恩樹山村。它位於普利茅斯的郵政路上，為了形成更好的保護排成一線的居民區，綿延了數英里。沿著海岸線，居民居住的情況是，波士頓擁擠不堪，普利茅斯也人滿為患，尋求寄居地的人們南北方向擴展開來。

　　西元 1620 年，第一座小屋布萊恩樹修建起來，而遠離海岸線的土地實際上是沒有什麼價值的。在離海岸一英里的地方，滿眼盡是荒涼的原野，布滿野獸和粗野的野蠻人踐踏出的小徑。這些路徑穿過錯綜複雜、糾纏不清的翻倒的大樹和雜亂的岩石，可以到黑森森的懸垂著樹枝的松樹群，那裡冬天的積雪到仲夏才會完全消融，太陽對這個地方來說是陌生、罕見的。企圖從這些小路跋涉而過的人恐怕不得不蜷縮著匍匐前進。這裡從沒有負載的馬，牛或野獸馱著物品穿過。

　　高出海平面的山坡上的玫瑰蔓延長達一英里。沿著這山

坡，迎面而來的潮汐，海風及風暴時不時將這裡打掃得乾乾淨淨。山腳下，我們的祖先在這安家落戶，他們建起的房屋或者朝東或者朝南。這種執意的將房屋面向太陽或是朝著大海的堅持不懈做法，表現了一種永恆而特別的宗教信仰。現在，測量員們帶著專門的尺子和運輸物來到這裡測量起奇特的角度，鋪展街道，開始建設。

西元 1625 年，布萊恩樹鎮以北一英里外，在波士頓的大路上，來了一位快樂的華倫斯頓船長和他三十個同樣興高采烈的同伴，他們都是為了英格蘭的利益而來這裡的。他們為了尋找黃金和珠寶，達成共識。他們太善良了以致於無法做任何嚴酷的工作。他們的營地被稱作華倫斯頓山或是快樂山，我們勇敢的紳士們和印地安人建立了感情，希望可以讓他們發現黃金滿地遍地珠寶的洞穴，而這些喜歡白種人提供酒的印地安人，只是給他們帶來了表示感謝的肉，玉米和毛皮。

這 30 個紳士立起五根朔節花柱，用雄鹿的角裝飾好，就開始大吃大喝，像仙女或悍婦一樣舞蹈，沒日沒夜，昏天黑地。這些被流放的老爺們做出的不體面的行為，印地安人看在眼裡，這些友善的人們在周圍製造了一圈廣闊的障礙物以避開那些老爺們。

祈禱總是徒勞的，希望那些可憐的白人會改變祈禱者，但總得不到回應。因此這些鄰居們召開了一次集會，決定派邁爾斯斯丹第西首領帶一幫人去教那些快樂的人該怎麼為人的方式。

斯丹第西在某個早晨出現在這群飲酒狂歡的人中間，非常的嚴肅冷靜，但他們卻恰恰相反。他逮捕了船長，命令其他人離開。這個華倫斯頓船長唯唯諾諾萬分懊悔的坐船回到了英格蘭，而其餘的三十人作鳥獸散了。這是發生在那個地域的第一幕，主動權是掌握在本土居民手上的。

六年後，那塊土地被瓜分了，分別分配給了約翰‧威爾斯牧師、威廉斯‧寇迪頓、愛德華‧昆斯儀、詹姆斯‧佩尼曼、摩西‧派恩和弗藍西斯‧愛略特。

這些人和他們的家族成員修建房屋並組成「布萊恩樹鎮北部管轄區」。

在北部管轄區和南部管轄區之間持續不斷的存在著競爭。男人們一旦跨過以迪肯佩尼曼的房子為代表的分界線，雙方就會大打出手。這些事情接二連三，直到西元 1792 年，當約翰‧亞當斯家的一員被選為美利堅合眾國的副總統才結束。現在這個身為律師的約翰‧亞當斯，是身為農民與鞋匠的誠實的約翰‧亞當斯的兒子，老約翰‧亞當斯曾買下了佩尼曼的家園，而他的祖先亨利‧亞當斯是西元 1636 年遷居於此的。約翰‧亞當斯副總統，後來的總統，是在佩尼曼的房子裡出生的，被認為象徵中立，儘管他常常遭到南北管轄區兩方男生的欺負。但最後，再也沒有諸如中立的東西了。

約翰‧亞當斯站到了北部管轄區的男生一邊，現在他在那條具有革命意義的線上有了點經驗，有能力對付發生在他身上

的事了。北部管轄區從偉大的小鎮布萊恩樹鎮分離出來是正確的選擇。

北部管轄區有六個商店賣威斯康辛州的貨物，一家酒店賣W‧E‧T‧的貨物，它應該有屬於自己的郵政公司。

因此約翰‧亞當斯就此事向他既是姐夫又是鄰居的理查‧科蘭奇提議。科蘭奇慎重看待此事，這個曾經古老的新的小鎮，重新成立了。他們叫它昆西，很可能是因為艾比嘉，約翰的妻子執意而為的結果。她給自己最大的兒子取名叫昆西，是為了紀念她的外祖父，而她外祖父的父親名叫昆西斯並有叫德‧昆西的親戚 —— 在這些親戚中有吸食鴉片者。

現在，當艾比嘉提出任何建議時，約翰總是婦唱夫隨。因為艾比嘉善良明智，約翰深知自己生活中的成功離不開這位出色的女人，她給他的幫助，勸告和啟發是無比神聖的恩賜。如果一個男人在這種類如給孩子或城鎮取名的小事上都不隨這樣一個女人的心願，那麼那個男人也太沒男人樣了。

因此，這個小鎮就叫昆西，他的姐夫科蘭奇被委任為第一任郵電局局長。不久後，波士頓的「百年紀念」上有一篇諷刺辛辣的文章，署名為「老捐贈者」，他在這篇文章中涉及官場上的親屬連帶庇護的事情，愛略特和艾維瑞滋已在後院的籬笆上流言滿天飛了。

這時，艾比嘉住在普列矛斯路上的農家小院，處於布萊恩樹鎮和昆西之間，但她在昆西收到郵件的。

亞當斯一家的農家小院現在還在那裡，下次誰要是有機會去波士頓，最好親自去看一看。

在她祝福過的 32 個陽光明媚的夏天，六月離亞當斯的家從來都只有一小時的路程；她也常常吹噓有在五月花號上工作過的祖先，然而這似乎有一點灌輸花園城堡的意味，就像我，認為纖維堅固一樣。但她以前從未去過昆西。

約翰和艾比嘉的農家小院建於西元 1716 年，據說是用從古老而奇異的火山裂縫中的真正的磚砌成的。迪肯‧佩尼曼為自己的兒子建造了這樣一座房子，它面朝大海，儘管老佩尼曼的房子是朝北的。約翰‧亞當斯是在老房子裡出生的；但當他以前每個星期三去威茅斯見艾比嘉斯密斯 —— 牧師的女兒，每個星期六晚上去見他的父親 —— 受尊敬的鞋匠的時候起，他就告知他結婚後可以自己住另外的房子。

後來，約翰成了位聰明而年輕的律師，哈佛大學的畢業生。他被送去念哈佛是父輩希望他將來成為一名牧師，因為那時哈佛有一半的學生將來都是要當牧師的。但約翰並不喜歡神學。

他目睹了教會網球式的行事，神學的語言，布萊恩樹鎮的動盪，這些幾乎將整個小鎮都撕裂了，於是他決定學法律。有一點是確信無疑的，他還不能工作，因為他還不夠強壯 —— 每個人都這麼認為。但這似乎是一個引人注目的事實 —— 虛弱的人像那些常受生命威脅的總是活得久些。約翰‧亞當斯在給妻

子的書信中常提到關於器官的問題 ── 肺部的毛病，還有疲倦的感覺，但他仍然活到了 92 歲。

受人尊敬的斯密斯先生已不止一次反對自己女兒艾比嘉嫁給約翰·亞當斯。亞當斯只是農民（要是下雨天就會做點鞋匠的事），而斯密斯家明顯有一種貴族的驕傲感。斯密斯先生認為律師總是幫壞人脫離麻煩而讓好人陷入麻煩，但艾比嘉覺得律師與眾不同。斯密斯先生意識到自己女兒的決心已定，即使再勸阻也是無濟於事的，他決定接著做一件好事 ── 祝福這對年輕人。甚至連鄰居們都無不震驚，他們認為本堂牧師的女兒顛覆了傳統，竟然和一名律師攜手站在教堂的門口，他們還直接向老牧師表達內心的驚異與不滿，現在都還有人對此有異議。那時受人尊敬的斯密斯先生宣布他將對干涉別人事情的原罪進行說教。像上課一樣，他舉出路加福音中的一段，第七十章，三十三行：「雖然約翰既不吃麵包也不飲酒；但主說，他藏有惡魔。」

不久前，鄰居們就知道了斯密斯先生的意圖，當他的大女兒瑪麗嫁給理查·科蘭奇（郵電局的創建人），社區進行過抗議，受人尊敬的斯密斯先生那時亦舉出路加福音中的一段說教，第十章，四十二節：「瑪麗選擇了她再也不會離開的另一半。」斯密斯先生再次這樣做了。

約翰和艾比嘉在威茅斯的教堂中舉行了婚禮，他們沐浴著晚上最早的燭光走進神聖的殿堂。這位善良的好父親主持了婚

禮，據說中途差點兒停了下來，最後，他還是吻了新娘和新郎。

　　鄰居們友好如初，他們來到牧師住宅，吃吃喝喝，搞得熱熱鬧鬧的。此時的約翰和艾比嘉偷偷地溜出後門，在星光下，手牽著手，沿著馬路跑過樹林，跑去布萊思樹鎮。他們跑過村莊附近的大片牧草地，抵達自己的小家園，那是他們幾星期前整理好的小窩。約翰打開前門，他們走進這所寬敞樸素的石頭房間。你現在也能進去，但一切都已破敗不堪，這裡曾經走出過一代又一代的人，有一些人在門口臺階上留下的足跡，我們稱之為歷史的腳步，因為這些腳步的主人都是名垂青史的偉人。華盛頓騎馬來過這裡，當時他的陸海軍副將為他牽著馬，他進來小憩，喝了幾口研磨成的蘋果酒，吃了點油炸圈餅。漢考克經常來，奧帝斯、塞謬爾‧亞當斯和羅瑞恩以前常常是把這裡當成自己的家。

　　透過威廉‧斯皮爾認真的工作，這個農家小屋被重新修整且裝飾，用上了那時所有的知識，想像，設計。

　　當我們到達昆西時，我們見到一位看上去慷慨仁慈的老清教徒，朱妮說：「問他！」

　　「您能不能告訴我們在哪裡可以找到斯皮爾先生，那位古物研究者？」我詢問道。

　　「哪個？」他的兒子普瑞西拉穆里斯問。

　　「斯皮爾先生，那位古物研究者。」我重複道。

「你不會是指那個開個二手店的比爾斯皮爾吧，你要找的是麥比？」

「是的，我想是那個人。」

然後，我們被帶去那個「二手店」，那可是個記錄了昆西歷史社團的房間。在那裡我們見到了許多不可思議的二手物品的收藏，我們看這看那的，目不暇給，斯皮爾先生向我們一一解釋，講述了大量殖民地歷史的片斷。朱妮身為美國革命後出生的孩子，對這些未見過的東西無比的好奇。

沒有什麼一百年以內的東西可以與斯皮爾先生的物品價值相當，他的收藏都是有一百五十年以上的歷史的。他店內的牆上掛滿了革命戰爭時期常用的帽子、蓋子、刺馬釘、靴子和行軍裝備。還有很多的燭臺、熄燭器、眼鏡、黃油磨具、女帽、套裙、鞋子、嬰兒襪、搖籃、撥浪鼓、圍裙、錢幣鑄造的固體黃油桶、配套的鏟子、鐵製柴架、撥火棒、平底鍋和大量的藍色瓷器。

「比爾・斯皮爾」本人是個好奇心很重的人。他追尋世系到革命名人陸軍中尉塞斯斯皮爾，再到代表自己的約翰・阿爾登。這為古物研究者的措詞有點過於粗俗化；我抱歉地說他用的一些詞語我無法在「本世紀的字典」裡找到，但朱妮對我試著表達的意思並不感到震驚。進一步熟悉後，我下了個結論，斯皮爾先生的輕鬆活潑只是一種表面現象，在那層粗暴的外殼下掩藏著一顆溫柔的心。他是那些奇特的人中的一份子，常常祕

密地做好事，但也會對你直言責備如果你冒犯了什麼。

整整 25 年，斯皮爾先生什麼也沒做，除了研究殖民時期的歷史以及與那些擁有曾祖母留下的鐘錶和平底鍋的老女人做愛。毫無質疑的是斯皮爾用上百條表示意願的句子設計著威廉・斯皮爾 —— 這位昆西歷史社團的監護人，而他應該有鼻煙器和餅乾製作磨具。

最初，斯皮爾先生收集物品是出於自己的興趣和利益，但當這成為一種長期的習慣時麻煩接踵而至。一天，他意識到自己不會長生不老，總有一天會死去，他所有的花了好多年的收集物可能會就此遺失。因此他成立了昆西歷史社團，擁有永久性執照，查理斯・法蘭西斯 —— 約翰・昆西・亞當斯的外孫，為第一任主席。

而後，另一件事就是保護好那座農家小院，在那裡約翰和艾比嘉開始組建家庭，忙於生計；不久，約翰・昆西出生了。這座房子這些年一直都是亞當斯家族的財產，被長期租給過湯姆，迪克和哈利，他們中任何人的子孫都將願意每個月付十美元的租金獲得租住和使用權。從房屋這裡穿過馬路，那裡住著位名叫約翰・克瑞善良的老人。克瑞先生大概在七十歲到一百歲之間，但是他有一顆年輕的心，一張像格萊斯頓的臉和一份如習字本樣的記憶。克瑞先生和約翰・昆西・亞當斯相處得很好，彼此熟悉，常常見到他來這裡收房租。斯皮爾先生告訴我在他收集物品的期間亞當斯的家曾被四十戶不同的家庭輪流租

住過。但是現在，感謝「皮爾·斯皮爾」，它再也沒被租出去過了。

房子拔地而起，新的基石重新奠定，其他每個部分 —— 木材，椽，托梁，橫梁，板條和簷板 —— 老屋被徹底地修整了一番，在這個基礎上它就不會再腐蝕了。

斯皮爾先生重新裝飾了收集著各式各樣古董的儲藏室，以他淵博的知識，獨特的品味和豐富的想像，這個小屋展現給我們的是西元 1755 年殖民地農場的樣貌。讓我驚奇的是，人道的斯皮爾先生並未將他的「二手店」變成一個古董店。但他卻做得更好。

當你走過門前的臺階，經過狹小的入口，進入「客廳」後，你停了下來，喃喃道：「打擾了。」爐子裡的火燒得正旺，水壺輕柔地唱著歌，椅子背後掛著頂女式太陽帽。桌子上面防著本翻開的《聖經》，在書頁上躺著副眼鏡，還有一條紅色的皺皺手帕。是的，有人在家。他們正好去了另外一個房間 —— 也許正在進餐。你坐在一把山胡桃製的古老椅子上，或者坐在壁爐邊面牆的高背長靠椅上，靜靜地等待，希望下一刻廚房的門吱呀一聲打開，艾比嘉，微笑著走進來，溫柔地向你打招呼。斯皮爾先生知道你在想什麼，逕自離開，留下你和朱妮陷入無限的遐想中。

約翰和艾比嘉這對神仙眷侶最終白頭偕老。他們被公開的書信顯示他忠貞不渝矢志不二的愛情，幾經滄海桑田，仍

能讓我們感動的聲淚俱下，我們似乎能看見他們最後擁抱在愛裡一起慢慢搖擺，然後化作塵埃。但現在是他們生命中快樂的春天，在這地板上，你踩著他們走過留下的腳印，這些牆壁回應著他們歌唱的聲音，聆聽著他們的談話，見證了他們的甜言蜜語。

這裡沒有多餘的家具，沒有炫耀的擺設，也沒有陳列無用的東西。每一件你見到的物品都有它的用途。那個放書的小書架，美觀大方，上面沒有擺放像《軟氈帽》或《金髮女孩的需求》那些書——沒有任何犯了時代錯誤的東西。窗簾、座椅、桌子還有一兩副畫——一切都好像是回到了那個年代。廚房裡有洗衣盆，舀黃油的長柄勺子和碗杯。煙囪旁邊掛著個燈籠，裡面有盞燭臺，上面刻有精細的角狀花紋，轉彎處的碗櫃裡有藍色的瓷器，錫蠟湯勺，鋼製的刀叉，還有來自英格蘭的閃閃發亮的黃銅製品。在滿是灰塵的地下室，儲藏著蘋果，黃色的南瓜和土豆——都被安置在各自的位子上，這都是因為艾比嘉是位少見的能幹的家庭主婦。那裡還有一桶蘋果汁，上面有個山胡桃塞子和邀請品嘗的葫蘆瓢。所有的一切都表現了節儉、勤勞還有女主人靈巧的雙手。

廚房裡有一個可愛的搖籃，是用松樹的大樹幹做的。小床墊和被單看上去亂亂的，你能想像這個小嬰兒剛剛被抱走了，好像還能聽到小傢伙的啼哭聲。這個搖籃已經被母親的腳踩壞了，那時母親總是一邊雙手忙著織毛衣，一邊唱著歌搖著搖

籃。廚房不時傳來聲響，你知道那個女傭人的毛病，所以沒什麼好擔心的。

頭上懸垂著一串串的玉米，一束束的貓薄荷和裝飾的花彩，角落裡還有一串乾蘋果。

然後，你走上樓梯，小心翼翼地生怕出什麼差錯，因為你們的到訪是在這所房子的忠實主人外出時，而且你知道所有的家庭主婦都不喜歡別人窺探自己的私人住所，特別是樓上的臥室──至少朱妮是這樣說的。

右邊那間臥室是艾比嘉的。你知道這是女人的臥室。房間裡散發著淡淡的薰衣草和麝香草的香味，白色和藍色的簾子掛在小鏡子前，梳粧檯上擺滿了女人的化妝品，這表示了這位女士總是將自己最好的容貌呈現在深愛的男人面前。

床很高，從四個角垂下床帳，樸素、厚重，這些都出自於一名信心百倍，有遠大志向的船匠之手。被單是淺藍色的，與窗戶，抽屜及鏡子上的簾子顏色匹配。枕頭上有一頂睡帽，戴上它，居家女人也會美麗非凡。

轉角處有一個衣櫥，斯皮爾先生建議我們看看。門上有一個光滑的榆木做的按鈕，裡面有很多木製小螺釘，上面掛滿了漂亮的衣服；還有一些硬挺挺的有奇特的刺繡長袍，可能是從大洋彼岸運過來的，是約翰亞當斯去法國是買的，而那時艾比嘉獨自留在農場，縫縫補補，做著編織，教育孩子。朱妮仔細地研究衣服上的刺繡，說這些都是手工的，一定花了好幾個月

的時間才完成的。在壁櫃的高架子上有一些紙盒子，裡面裝著女帽，有著巨大誇張的前沿，看上去很驚人。斯皮爾先生執意讓朱妮試試，她戴上後，我們從遠處看，覺得給人一種很可愛的感覺。衣櫥外面的一顆小螺釘上，掛著一件棉毛織品的日常長袍，主人應該是常常會穿到它。這件衣服的腰部正好在朱妮的手臂下，而衣服的下擺已經垂到她的鞋尖了。

　　我們向斯皮爾先生打聽這件衣服的價格，但這位監守人對商業不太了解。在房間的角落有個西洋杉製的箱子，裡面裝著亞麻編織的衣服。

　　窗戶的前面是一張小小的低矮的書桌，有一面活動的桌板，可以抽出來作寫字臺。桌上有吸滿了墨水的鵝毛筆，奇異的角製墨水瓶。在這裡，艾比嘉給自己深愛的去參加在費城舉行第一屆和第二屆美國國會時的丈夫寫下了無數封信，還有在丈夫去英格蘭和法蘭西時，她也寫過很多充滿熱情的，表示忠誠的信，寫他們孩子的事情，所有那些瑣碎的小事寫滿在這些情書上。最後，都成為不朽愛情的明證。

　　這裡，她還寫信述說與他們七歲的兒子約翰・昆西一起去佩尼山觀看查理斯鎮的大火，去看象徵著邦克山戰場打響的雷鳴的大炮和滾滾硝煙。在她丈夫身為外交使節出訪英格蘭時，她寫道：「這個小農莊因為你的存在而比貴族的王宮更讓人覺得舒適愜意。」

　　但這個勇敢的女人寫下的所有這些信件都沒有顯示出她崇

高的思想,直到在她的丈夫成為美利堅合眾國的總統那一天她寫的一封信。所有的內容如下:

昆西,二月八號,西元一七九七年

陽光燦爛無比,祝君之榮譽可與天齊。

這對隨之而來的時期來說是一個預示著繁榮昌盛的序曲。你在今天宣布自己成為一個民族的首領。現在,主啊,我的上帝,您讓您的僕人統治人民。請賜予他一顆善於理解的同情心,這樣他就會知道如何從群眾中來到群眾中去,這樣他就能夠正確地區別對與錯,善與惡。用什麼能夠判斷您的僕人是否能夠勝任,是那些身為一位威嚴的領導者的致辭;即使他沒有戴王冠,穿著王家的官服,就職成為一個民族的首要行政長官的他也是合適的人選。

我的思想和我的熟慮與你同在,雖然我人未在場;我向天堂的請願就是希望一切和平,希望你的眼睛不要躲閃這個慎重的事情。我現在並沒有對這個事件感到驕傲或誇張的虛榮。

他們莊重的儀式的舉行是伴隨著沉重的義務感,舉足輕重的信任感和連繫萬千的職責感。你也許能夠履行這一切,憑著你對自己的尊重,憑著你對你的國家的公平公正,憑著對這些將日夜為你祈禱的偉大人民的滿意。

就是在這間臥室,艾比嘉靜靜地等待時,大不列顛的戰士洗劫了下面的房間,而她後來用那些子彈做成了錫鐵的湯勺。

就是在這間臥室，她的成為總統的兒子出生了。

　　約翰‧昆西‧亞當斯那年六歲，父親和他吻別，與約翰‧漢考克及塞謬爾‧亞當斯（騎著約翰‧亞當斯借給他的馬）一同去了費城。艾比嘉抱著孩子站在門口，目送著他們消失在蜿蜒的路上。這是在西元 1774 年 8 月。這一年的絕大部分時間艾比嘉都是獨自在農場與孩子度過的。接下來的西元 1776 年，她也是如此度過，約翰‧亞當斯寫信回家說自己因公務要離開去參加獨立活動，還要提名喬治‧華盛頓為軍隊的首席指揮官，他希望一切很快的好起來。

　　住在波士頓的附近的那段時間焦灼難熬。散亂不齊的軍隊每天在普利茅斯的大路上來來往往。有時候他們是些穿紅外套的，有時候是些穿淺黃外套和藍色外套的。亞當斯的家常招來很多他們那樣的不速之客。房子的主人已離開了，但所有的人都知道誰曾住在那裡。造訪者並非總是彬彬有禮的。

　　在這麼動盪不安的環境下，孩子們很快的成長成了男人和女人，而他們原本應該有的天真無邪，燦爛美麗的臉上呈現出成人才有的凝重感。是的，責任感的到來，這就是約翰‧昆西‧亞當斯從童年走向成年的原因。

　　當他還只有八歲時，他的母親就稱他為家裡的小男子漢了。後一年他就成了郵遞員，每天騎著自己的小馬帶著裝信袋往返一趟波士頓。

　　當他十一歲時，他的父親回家了，但說為了簽訂一份條

約，必須有人陪同傑伊和富蘭克林去一趟法國。

「去吧，」艾比嘉說，「上帝與你同在！」但當約翰・昆西也被要求一同前往時，離別，看上去就沒那麼容易了。可是，這對這個男生來說確實是一個千載難逢的機會去見識成人的世界，母親很明白這點，也很珍惜兒子能有這次機會，但充滿母愛的心卻難以割捨，她仍然勇敢地作了決定，願意獨自待在家中。

就這樣，父親和兒子遠渡重洋，小約翰・昆西在父親的信中續筆寫道：「我將深深的愛獻給媽媽。」

這個男生比較能夠以自己的方式接受外國的事物，法語對他來說不像他父親那般感到恐懼。第一次在歐洲的停留時間僅三個月。回來時，他們乘坐的是一艘漏水的船。

在家待的時間比國外待的時間還要短，約翰・亞當斯再次涉足他國家的經濟領域。這個男生再一次跟隨著他。

他和母親整整五年沒有見面了。後來有一次他獨自一人從巴黎飛到倫敦就為了見母親一面。母親幾乎沒認出他來，因為他已經快要十八歲了，長成一個真正的男子漢了。他身為政治家和侍臣的助理及陪同者造訪了歐洲各國，見識了形形色色的社會百態。他能講多國語言，特別是波蘭語，講得和很多長輩一樣的有男人味。亞當斯夫人望著他，開始哭泣，究竟是高興還是悲傷，自己也說不清。她的小男孩不見了，逃離了她，但取而代之的是，一位高大年輕的外交官站在自己面前喊著「母親」。

約翰・昆西・亞當斯有自己的職業生涯 —— 他的父親知道這一點，他的母親也確信於此，約翰・昆西自己對此也毫無質疑。他可以繼續走自己的路，但是亞當斯家族的心中有對新英格蘭的一個很強的迷信，那就是，成功的獲得是以哈佛大學的文憑為基礎的。

因此約翰・昆西返航回到麻薩諸塞，用在哈佛的兩年的課程換回了渴望已久的一紙文憑。

從在廚房的地板上學著爬行撞倒椅子開始，他就在學習走路了，時常從樓梯上滾下，但他自己會勇敢的站起來，他知道成功近在咫尺。早熟、自豪、堅強及天生的冷靜，這些都不是來自於父親或母親的遺傳，而是他自己天然就具有的優點。

這是個曲折的進程，這一路散落了罹難的政黨和枯萎希望的廢棄物，但走出殘骸，約翰・昆西・亞當斯總表現的平靜、鎮定和安詳。當他反對購買路易士安那時，看上去他似乎將自己對傑弗遜的仇恨帶上了法院的判決。他犯過錯誤，但這是他生涯中唯一的汙點。下面是他的年代事蹟一覽表：

西元 1767 —— 生於 5 月 11 日

西元 1776 —— 往返於波士頓與昆西之間的郵遞員

西元 1778 —— 在巴黎就讀

西元 1780 —— 在來登就讀

西元 1781 —— 任職為前往俄羅斯大使的私人祕書

西元 1787 —— 畢業於哈佛大學

西元 1794 —— 在海牙擔任外交使節

西元 1797 —— 與馬里蘭的路易士‧凱塞林‧詹森結為夫妻

西元 1797 —— 在柏林擔任外交大使

西元 1802 —— 麻薩諸塞州參議院一員

西元 1803 —— 美利堅聯邦的參議院一員

西元 1806 —— 哈佛大學的修辭與演講學教授

西元 1809 —— 任命為前往俄國的外交大使

西元 1811 —— 被參議院提名並任命為美利堅聯邦終極法院
的法官；後辭職

西元 1814 —— 駐根特特派委員，與大不列顛商談和平問題

西元 1815 —— 任命為前往大不列顛的外交使節

西元 1817 —— 任州祕書

西元 1825 —— 當選為美利堅聯邦的總統

西元 1830 —— 當選為美國國會的一員，代表地區長達 17 年

西元 1848 —— 2 月 20 日在國會大廈突然癱瘓，並於第二
天與世長辭

「我們在這個房間待了有一會兒吧？」朱妮說，「你已經坐在那裡呆呆地望著窗外有十分鐘了，一句話也沒說！」

斯皮爾先生消失在空氣中，因此我們自己走過小廳來到亞當斯先生的房間。正如男人房間一樣有些凌亂。桌上擺放著鵝

毛筆和蓋有印章的奇特而古老的紙張，在其中一張上，我見到了日期，西元 1768 年，6 月 16 日 —— 所有的檔案都是約翰亞當斯一手寫出，開始非常的整潔和仔細，然後變成狂草，有如精神的亂舞。角落裡有一個箱子，裡面有銅釘、靴子、綁腿、拐杖、水手刀和脫鞋器，在窗臺上還有一個親切的鼻煙盒。衣櫃裡有牛皮革的褲子，繡花外套，帶銀扣的鞋子和一些日常穿戴的衣物，有點磨損，還釘了補丁。

我們摸索著來到頂樓，不小心頭撞到了屋椽。燈光很微弱，但我們看得到一串串蘋果和大束的根莖和草藥從房頂上垂下來。這裡有一個三條腿的椅子和一個壞了的織布機，這些廢舊物都很有價值所有不能扔掉。雖然保留它們沒太大用途，但「某天也許就會派上用場」。

走下這個狹窄的樓梯，來到一個小廚房，藝術家山米和看護人斯皮爾先生在爐火邊忙活著晚餐。房子裡沒有火爐，也不需要。只要有臺起重機，磚爐子和長柄平底鍋就夠了。山米是個營地野炊專家，他發誓只要你能說的出來，他就能做出任何你想吃的東西。他靈活地支配著手中的大淺鍋不停地翻動著鍋裡的薄餅，似乎這些比最好的畫布更能讓他感覺到真實的自我。

朱妮主動願意鋪設桌布但山米說她不應該一個人做這件事，所以他們一起拿出藍色的瓷碗和錫鑞碟子。然後他們去石頭砌的水井打水，將水桶往裡重重一扔，再兩人一起把磨破了皮的桶子拉上來。

我覺得自己無事可做，於是問道：「我就不能幫忙做點什麼嗎？」

「那裡有個鹼液篩檢程式——你也許可以用一些灰做出軟肥皂。」朱妮說著指向院子裡的那個古老的篩檢程式和肥皂槽，這可是斯皮爾先生最喜歡做的事情。

山米站在門後用木製的湯勺重敲著洗碗盆告訴大家晚餐已經準備好了，這真是奢侈的一頓啊：在灰裡烤熟的馬鈴薯，在磚爐上做好的大豆，炭盆上煮的咖啡，大淺鍋煎的魚，用三英寸長的長柄平底鍋烙的薄煎餅。

斯皮爾先生「雄心壯志」地要做一個蘋果派，他朝這個方向做了巨大的努力，但出來的生成品卻是頂部是生麵粉底部卻又變成了焦炭。我們對他表示默默的感謝。

朱妮建議派應該在爐子上烤而不是用煎薄餅的淺鍋做。這位看護人覺得有些道理——個他本會嘲笑的建議，而且還被我嘲笑的建議。

為了改變這個讓人痛苦的話題，斯皮爾先生開始談論約翰和艾比嘉，引用他們信件中的話語，這些他似乎都已記在心中。

「你知道為什麼他們的愛可以如此的平穩，他們怎麼能相互產生精神和靈魂的共鳴？」朱妮問道。

「是啊，怎麼才會這樣呢？」

「好，那我就告訴你：這是因為他們有三分之一的婚姻生活

是分開的。」

「確實如此！」

「是的，正是這樣他們處於一種理想的世界。在他們的信件中可以看到他們總數計算著他們重逢的日子。現在，天天在一起的人們是不會那樣寫信的，因為他們不會有那樣的感覺──我要將這種感覺留給斯皮爾先生！」

但一直單身的斯皮爾先生是不會懂得的。然後問到山米，山米撒謊說他從未考慮過這個事情。

「那麼，你有什麼看法，已婚的夫妻三分之一的時間不能在一起，為了國內的和平？」我問道。

「當然！」朱妮抬著她博尼鐘斯式的下巴回答道。「當然！但我擔心你們男人不會懂；無論如何我確信如果我們培養一下謙虛接受的精神，傾聽一下斯皮爾先生的意見，我們將獲益匪淺──機會難得哦。我並不是想打擾你，斯皮爾先生，請講講吧！」

然後，斯皮爾先生將手中天然的煙草捏碎填滿到泥製煙斗裡，用一把已經 150 年的鏟子靈活地從火堆裡鏟起一塊紅紅的碳將煙點著，靜靜地吸了五口，轉而，開始了話題。

# 第七章
# 亞歷山大‧漢彌爾頓

Alexander Hamilton，1755 ～ 1804，他是美國的開國元勳之一，也是憲法的起草人之一。他是財經專家，是美國的第一任財政部長。他就是因政黨惡鬥導致「決鬥」而喪失生命的知名政治人物。

從一個來自英屬西印度群島的私生子和無家可歸的孤兒，一躍成為喬治‧華盛頓最信任的左膀右臂，但後來捲入一樁性醜聞，在與副總統阿龍‧伯爾的決鬥中命喪黃泉。在美國的開國元勳中，沒有哪位的生與死比亞歷山大‧漢彌爾頓更富戲劇色彩了。在為美國後來的財富和勢力奠定基礎方面，也沒有哪位開國老臣的功勞比得上漢彌爾頓。

我們需要達到的條件是：證明並保留一個好政府中的最開明的朋友、提升美國名字的尊敬、時刻聽候正義的召喚、讓土地資源恢復其應有的價值、提供新的來源、無論是農業和商業，讓聯盟國家的關係得到更加鞏固，保護他們的安全，免受外來攻擊。在正義和開明政策的基礎上建立公共秩序，這些都是非常寶貴的目標，需要透過適當和充足的經費來實現，在當前的時期，需要依靠公共信用制度的支持。

—— 亞歷山大‧漢彌爾頓

我們不知道亞歷山大‧漢彌爾頓的母親的名字，我們也不知道他父親的名字。但是透過一些信件、日記和報告，再加上在事實基礎上的一些想像，我們得到的只是關於這個了不起的男人從出生起一段拼湊的歷史。

凡是強壯的兒子都有一個極好的母親。漢彌爾頓的母親是一個兼具智慧和美麗，並受過良好教育的女人。她還很小的時候，就在父母的安排下嫁給了一個年紀比她大很多的男人 —— 一個富有、任性、生活放蕩的男人。這個男人姓拉威恩，但是我們不知道他的名，在那個時代很多事情都是無從考究的。這個年輕的妻子很快發現了他的丈夫的墮落，而她曾經宣誓說要愛他和遵從他。離婚是不可能的，但她也無法終生忍受這個合法化的恥辱，她收拾好行裝，沒有告訴任何人，包括他的親人，去了西印度。

她希望能在某個有錢的莊園主家裡找到一份家庭教師的工

作，或者如果這個計畫沒有成功，她會用她自己的積蓄創辦一所學校，這樣可以使她善良的付出得到一點回報，而且可以過著體面的生活。到達尼維斯島後，她發現當地的人並不特別渴望教育，當然也負擔不起學費，而且沒有任何家庭需要家庭教師。但是一個叫漢彌爾頓的蘇格蘭種植者在被問到的時候，仔細考慮後說可以建立一所學校，並且他願意承擔學校的費用直到它可以支付得起。一個未婚女人接受一個男人的友好資助其實是一件危險的事情，所有的好女人都是這樣，對於一個對自己無私奉獻和特別友好的男人，很容易發展成為愛情。他們這樣做了，或許，在一個溫馨、熱烈的氣氛中，曾經有過極度的悲傷和徹底失望的心靈，還想要為自己的行動作出判斷和尋找理由，就算更冷靜的人也不會贊成。

在文明的邊緣，人類大於法律 —— 所有的儀式都被忽視。過了幾個月，拉威恩夫人就在尼維斯這個小世界裡，被稱為漢彌爾頓夫人，漢彌爾頓先生和夫人開始過著丈夫和妻子的生活。

種植者漢彌爾頓是一個勤勞的大忙人，無法關心他的妻子的美好願望。她的第一任丈夫聰明但是生活放蕩，而這一個雖然值得尊敬卻枯燥乏味。他們有融洽的感情，但是缺少書籍、藝術和社會生活，而女人需要這些來填補空虛的內心世界，她嚮往密切的關心和溫柔的愛情帶來的安全感，卻沒有一個人給她這樣的火花，她深深地感受到流亡生活的痛苦。

如果是在一個生活跌盪起伏的城市裡，一個知識份子女子

嫁給一個從事商業的人不是特別值得可憐的，只要她能找到同樣具有智慧的另一半，這樣就可以減輕她的苦惱了。但要是被丟棄在一個沙漠之島，無論那個另一半再好，他也無法永遠與你享受潮汐的永恆之謎。當你抱怨躁動卻還讓你無法入睡時，他只有乾瞪著眼；你看不到日出的光輝，當看到碎浪自己化為泡沫時，當看到月光在閃閃發光的海面上舞動時，你並不會感到興奮——哎，這就是放逐！獨自一人並不一定孤獨，只要有精神上的撫慰和祝福——孤獨，是忍受著在身邊的人不明白自己。

因此，這個做事有條不紊、感覺敏銳、胸有大志的女子，透過自己的意志，行使了似乎是男性化的力量，卻發現她的腳陷入流沙。她掙扎著想要拔出腳來，卻越是用力，腳越往下沉。無情的環境將她牢牢的套住。

她渴望著知識，渴望著甜美的音樂，渴望著美貌，渴望著被同情，也渴望著成就。她的心靈渴求卻沒有人理解，她要爭取更好的東西，她向上帝祈禱，但是天堂是那麼遙不可及。她大聲地哭喊，而唯一回答她的是她那不安分的心的跳動聲。

在這種情況下，她的兒子降臨了。他們給他取名叫亞歷山大‧漢彌爾頓。這個孩子繼承了他母親所有的宏偉志向。她沒有機會為他祝福。她最後的願望在她的心裡，希望他成為一個強壯的男人，所有母親的堅韌、堅定不移的意志透過的她本性傳給了他。他將克服她無法克服的各種障礙，完成她無法完成

的心願。

她的心靈的祈禱得到了回覆，吶喊不是用她所希望的方式。上帝畢竟聽到了她的聲音，因為每個虔誠的祈禱者都會得到回覆，並不一定完全按照他們所要求的那樣，但都會在某些方面得到滿足。

但是對這個勇敢的年輕女人來說，現實的打擊真的是太殘酷了。現實的殘酷已經超出了她所能承受的範圍，在她的兒子還在繈褓裡的時候她就放棄了掙扎，永遠地休息了，唯一能安慰她的就是想到，雖然她犯過讓她痛苦的錯誤，但還是做了一件她做得最好的事。

他母親死後，亞歷山大・漢彌爾頓由他的一位神祕親戚撫養。他是一個很好照顧的孩子，很快長成一個英俊的、強壯的小夥子 —— 個子不高，但可以確定的是成熟了。我們不知道他是在哪裡學習的閱讀、寫字，和算術；他似乎對於這些很有天分，即使在這樣一個貧瘠的小島上都能很好的掌握知識。

在他九歲的時候，他就簽了他的名字身為契約的證人。簽名無比龐大而且大膽，像平常的小學生一樣，簽得很認真而且費勁。這份檔顯示了它是一份十萬火急的急件，下面的署名是「喬治・華盛頓」。

在他十二歲的時候，他就在一個普通的小商店做了店員 —— 是一個鄉村的百貨商店，那裡什麼都賣，有緞帶，也有威士忌。商店裡還有其他幫忙的人，都是成年人。店主離開幾

天去內地的時候，這個黑黑瘦瘦的小子就掌管店裡的生意，還負責管理現金，還精明地做起農產品交換來，當店主回來的時候，在他頭上輕輕拍了兩下以示表揚，還給他每個星期加了一個先令的薪水。

大概就是這個時候，這個男孩表現出了他的文學技藝，他寫了各式各樣的詩歌和文章，他寫的一篇關於描寫熱帶風暴的文章被刊登在倫敦報紙上。

這使他的那位神祕親戚眼前一亮，也為他們家有個天才而驕傲不已。於是這位老漢彌爾頓到處籌錢送這個男孩去波士頓，心想在那裡他可以受到適當的教育，然後回來自己開一個商店，或者當個什麼官，成為一個大人物。毫無疑問，這個小夥子不滿足於這些，因為他的野心已經在心底醞釀，他在寫給朋友的信中這樣說：「為了提升我的地位，我將用我的一生去冒險，雖然這不是我的性格。」

美國許多的大事件都發生在波士頓。因此，身為英國公民的亞歷山大‧漢彌爾頓必須首先從波士頓的長灘邁向美國的土地，而當時他只有十五歲。他擺渡到了劍橋港口，然後走了三英里的路，穿過樹林，來到了哈佛大學。可能是他的書呆子樣子不適合他進入哈佛大學，也許是他不喜歡那個在麻薩諸塞大廳的門檻和他打招呼的那個老教授，不管怎麼樣，他很快輾轉流落到了紐海芬，耶魯也不是很適合他，於是他坐船去了紐約。

他給紐約的幾個明智且善良的神職人員寫了信，他們建議

他去紐澤西的伊莉莎白鎮語法學校學習。

他在那裡待了一年，致力於讓自己精力充沛，第二個秋季，他敲開了國王學院的大門，它現在叫哥倫比亞大學，因為在美國，國王這個詞已經過時了，過去對國王的所有的榮譽現在都給了自由女神。

國王學院對這位皮膚黝黑的西印度小孩敲開了大門。他被允許自己選擇課程，大學把所有的優勢都提供給了他。在大學裡，你可以抓住只要你想抓住的東西，都取決於你自己，最後學生們都養成了自力更生的好習慣。

漢彌爾頓抓住每一分每一秒時間提高自己，在導師的幫助下，他全身心地投入到他的學習中，用他那靈敏的感知力和敏銳的警覺性快速地積累了知識。

然而他生活得很好，好像總有用不完的錢，但事實上他從不浪費。

在西元 1774 年，殖民地處於政治緊張的狀況。年輕的漢彌爾頓對於他母親的國家尤其同情。他觀察了美國人，大多數都是蠻橫、粗暴的人，他們應該非常感激有這樣一個強大的國家英國來保護他們。在他的公寓和在學校，他都激烈地爭辯著這個問題，保衛英格蘭的屬地上的徵稅權。

有一天，他的一個同學問了他這樣一個問題：「如果戰爭爆發了，你將站在哪一邊？」漢彌爾頓回答說：「英國那一邊。」

但是第二天，他經過理智的考慮認為，如果英國成功地鎮壓叛亂，她將將所有的戰敗國歸於她的統治下；如果殖民地獲得了成功，就會為那些做了努力的人民帶來榮譽。他突然想到了這種叫作「神權的暴動」的東西，認為住在美國的人沒有理由徵稅給隔海相望的國家。美國人創造出來的財富，應該用於美國自己的發展。

　　他還很年輕，胸中燃燒著雄心的火焰。他知道，一直都知道，他終有一天會出名，變得強大 —— 現在就是機會。

　　於是，第二天，他在公寓裡宣布說，他的同學的雄辯口才和富有邏輯的思維實在太強了，以至於他無法抵抗 —— 他相信殖民地和他的同學是正義的，然後有人帶來了酒瓶，同學們為爭取自由而乾杯。

　　愛國情緒是最後的利己主義；事實上，赫伯特‧史賓塞宣稱說沒有什麼明智的想法和理智的行為，所有的根源都是因為利己主義。

　　在這個年輕人的信仰改變後不久，舉行了一次群眾會議，會議在「田野」舉行，暗示著以前的野地現在是第二十三街。

　　年輕的漢彌爾頓站在人群之中，聽著不同的人為殖民地提出各式各樣的理由，並主張紐約應該與麻薩諸塞州站在一起，來反抗英國的進一步侵略和迫害。在人群裡有許多是保守黨黨員，因為紐約和國王喬治一起反對麻薩諸塞州，這些保守黨黨員問發言人一些麻煩的問題而被拒絕回答。年輕的漢彌爾頓總

是發現他不由自主地走向講臺。最後，他回答了一個多話的保守黨黨員的問題，有人大聲喊道：「把講臺讓給他！把講臺讓給他！」就在這一刻，這個十七歲的小夥子發現自己正面對著兩千人們，他有點猶豫不決，又有點不好意思，但是他一個同校的校友也大喊，「把講臺給他！把講臺給他！」在膽怯了一小會之後，他開始講話。他的表達是那麼地富有邏輯性，而且洞察事理，他講話的時候，彷彿空氣裡到處彌漫著各式各樣的理由，而他所做的只是信手拈來。

他的強壯和火熱的體格賦予了他的語言無窮的力量，詭辯的對手最後發現自己回答了自己的問題，甚至自己推翻了自己的觀點。有的講者本來想陳述的觀點卻發現這位年輕的男子比他講得更好，他們用熱烈的掌聲對他表示稱讚，還有人歡呼：「好哇！好哇！」

漢彌爾頓的演講結束後，主席立即理智地宣布散會 —— 於是停止了所有答覆，並且封閉了演講者的嘴巴，這些突然出現的講者改變了平時那些人給人們留下的印象。

漢彌爾頓的演講迅速成了鎮上的熱門話題。獨立黨找到了他，並讓他寫下他的講話內容，以便於他們能列印成一本小冊子，與保守黨編寫的暢銷小冊子相抗衡。在那個時代，願意拿筆寫東西的人太稀少了：人們可以說，但是要強行呈現書面簡報，卻是另一回事。如此年輕的漢彌爾頓將他的理由寫在紙上，他們的成功讓公寓裡的所有男生們，以及學校的所有同學

和教授都感到驚訝，也許連他自己也是這樣。他的名字整天被獨立黨的人掛在嘴邊，就連保守黨也想出錢收買他。

但國會願意付錢給這位辯護人，錢不知來自何處 —— 雖然不多，但是所有的年輕人都需要。學校不去了，靠政治維持生計；而對歷史、經濟學和治國的研究填補了白天的空間，並常常直到深夜。

西元 1775 年的冬天過去了，情況變得錯綜複雜。紐約已勉強同意派代表出席國會，並毫不情願地同意與殖民地聯手。

英國士兵行軍至康科特 —— 然後又折回來，而時刻準備戰鬥的農民站出來開了槍，「全世界人們都聽見了。」

漢彌爾頓做了很多努力試圖讓紐約理解必須堅定地站在反對英國制度的立場上。他組織會議、發表演講、寫信、在報紙上發表文章、出版小冊子等等。然後他加入了一個軍事集團，讓自己懂得科學的戰爭。

保守黨和獨立黨之間頻頻發生暴動，而破壞對方的會議被看成是一種愉快的消遣。

這時候一艘叫作「亞洲號」的英國輪船來到了，並向城裡開火。這無疑讓許多的保守黨成員趨向於獨立黨。獨立黨的情緒逐漸高漲，成群結隊的人民在街上遊行示威，國庫也被撞開，一些主要的皇室人員都發現他們的房子受到了侵襲。

庫珀博士是國王學院的院長，因為他曾經明確地指責美國

國會和殖民地，一個暴民將目標定在了他家。到達那裡後發現漢彌爾頓和他的好友田北俊也正前往決心保護這個地方。漢彌爾頓挺身而出，並與對方理論，堅決認為庫珀博士只是表達自己的個人意見，他有權利這樣做，任何人不得騷擾他的房子。當交涉還在進行中，庫珀老博士親自從其中的窗戶上探出頭來，激動地告誡群眾不要聽信這個愛出風頭的無賴漢彌爾頓，因為他是一個流氓，一個無賴，一個惡棍。接著這令博士將窗戶「碰」地一關，從後門逃走了。

他的話引起了一陣大笑，年輕的漢彌爾頓也笑了，但是他的錯誤是很明顯的，因為他只知道漢彌爾頓已經荒廢了了學業，投身了在他看來是魔鬼的事業，沒有聽他的話，還看到他獨自站在人群中慷慨陳詞，以為他一定是非常淘氣，起來反對曾經對他有過恩的老輔導員。

年輕的漢彌爾頓的監護人本來意圖是讓漢彌爾頓在美國待兩年，這個時候他的學業應該也「畢業」了，然後將回到西印度讓當地人們刮目相看。

但是給他提供錢的父親，一直在照顧他的是那個神祕的親戚，還有在紐約和普林斯頓的時候幫他給長老教會的神職人員寫過信的他的好朋友，他們都這樣認為。年輕的漢彌爾頓知道尼維斯島所有的人都在等他回去，但是他知道它的偏狹、它的不開放和它的不體面，在他的心底他決心與他的過去告別。再也沒有家裡的資助，再也沒有關心的建議，再也沒有充滿關愛

的信件——過去已經不存在了。

對於英格蘭，他曾經當偶像來崇拜：因為她曾經是他的家園的保護者，大海的皇后，人類的啟蒙者。但是從今以後他就是一個美國人了。

他將參加美國的戰役，分享她的勝利，幫助她成為一個偉大的國度，讓他自己的名字寫進美國的歷史，這樣美利堅合眾國能夠被記住多久，亞歷山大‧漢彌爾頓就會被記住多久。

華盛頓將軍的「家」一共包括了十六個成員。他們都是他的助手，甚至可以說是他的顧問和朋友。華盛頓常常提到「我的家」這個詞，其眼中的細膩情感是我們在戰爭的帳篷裡找不到的。按等級來說，其成員從船長到將軍。每一個人都有被分配的工作，每天要向他們的頭兒彙報。如果沒有特殊情況，全家人會一起進餐，並且會有適當的禮儀要求。華盛頓坐在桌子的頭上，顯得高大、英俊，而且有尊嚴。在他的右手邊是貴客座，通常都有好幾個被邀請的朋友。在他的左手邊坐的是亞歷山大‧漢彌爾頓，隨時準備記錄下他的上司的命令。

據我看來，能夠在那張桌子上擁有一個席位是非常難得的，可以看到華盛頓「細長的臉，帶點憂鬱的神情」和勞倫斯充滿喜悅的青春面孔，還有泰爾曼、李、阿倫‧貝利、亞歷山大‧漢彌爾頓等人組成的勇敢和英俊的團體。也可能他們稱呼華盛頓父親，因為他是他們所有人的精神支柱——莊重大方，溫文爾雅，彬彬有禮，慷慨大度，雖然苛刻嚴肅，但是卻得到

所有人的甘願服從，也讓我們可以想像到這種服從是自由和愉快的。

漢彌爾頓是西元 1777 年 3 月 1 日成為華盛頓的家庭成員之一的，那時他是陸軍中校。他還只有 20 歲，華盛頓當時 47 歲，而這個家庭除了他們的長子以外，平均年齡是 25 歲。他們都是因為特別的才能和過人的勇氣被選來的。漢彌爾頓在這些成員裡面是年紀最小的。因為他在文學方面的才幹，他的文才在美國名列前茅，因為當時在美國沒有純文學，只有政治文學，而身為一個辦事員，他顯示了獨有的技藝和勇氣。然而雖然漢彌爾頓自己很有抱負和自信，但是對於接受這個職位還有點猶豫，他將其看作是獻身。但是一旦答應了下來，他就將自己完全投入到了工作當中，並成為了華盛頓最親密和得力的助手。華盛頓與他的將士和國會的連繫工作，以及每天對數百個小問題作出的書面回答，這些都是由漢彌爾頓經手的，只有工作才能證明誰能做得最好。上級的一個簡單的「是」、「不是」、或者「也許」都要反映在書信裡，一定要清楚明白地反映其原本的意思，包括適當的強調，以及準確和尊重。在現在的國會大廈可以看到上千份這種信件，其特點在於熟練、莊嚴、直接性和洞察力被顯露無疑。信中沒有多餘的修飾和複雜的句子。它們都讓人一目瞭然，清楚明瞭，因為其本意就是讓讀信的人也能很好的理解。

這些檔案大部分華盛頓只簽了個名，但是也有少數的句子

或詞語被華盛頓修改過，這表示所有的檔案都是經過仔細的審核和複查。

身為華盛頓工作室的成員，漢彌爾頓沒有獨立指揮的權力，而那才是他最想要的，但是他忍受了在弗吉山谷的那個英勇的冬天，他參加了所有的重要戰役，並且都產生積極的作用，獲得了良好的榮譽和聲望。

身為華盛頓的助手，漢彌爾頓最重要的使命是在他被安排去蓋治將軍處為南方軍隊爭取援兵。蓋治打敗了柏高英部隊，並在北方奪得了十多次勝利。同時，華盛頓除了做了一些勇敢的撤退以外什麼都沒做。蓋治的軍隊是由一些久經沙場、能吃苦耐勞的人組成，他們在戰場上與對手華盛頓頻頻相見，並且一次又一次打敗了他。勝利的表情在他們的臉上顯而易見，華盛頓知道，如果能保證讓退伍的老兵來加入到他的幾乎要洩氣的軍隊中來，勝利也許會屬於他們南方。

身為一個高級官員，他有權力命令這支軍隊，但是對於一個取得很多出色成績的將軍，要削弱他的力量不是一件容易的事。整個國家把蓋治看成一個救世主，蓋治自己也差不多這樣認為。蓋治提出要求，希望擔任軍隊指揮官的職位。華盛頓完全知道這件事，因此他為向蓋治提出調動他的軍隊而有點擔憂。為了爭取到這些軍隊就好比來自於蓋治的建議一樣是一項非常難辦的使命。亞曆同山大・漢彌爾頓被派去蓋治的指揮部，全副武裝，帶去一個簡短的軍事命令，希望他能調一批軍

隊給華盛頓。漢彌爾頓的命令是這樣的：「帶著軍隊，除非逼不得已，否則不要發出命令。」

漢彌爾頓帶著軍隊，但把命令卻原封不動地退了回去。

他忽然打斷華盛頓的這一行為顯得有些誇張。事實上，這不是偶然發生的，早在幾個月前就已經有苗頭了，這關係到一個女人。在那次行動途中，漢彌爾頓除了去征服蓋治將軍還做了其他的事。在奧爾巴尼，他認識了斯凱勒將軍的女兒伊莉莎白，並在一次「小小的、尖銳的爭吵」中贏了她。亞歷山大和伊莉莎白都認為「書記員」這個職位對於一個這麼有才幹的人來說太屈才了，他們認為只有離開才能有用。但是怎麼解脫 —— 這是個問題。

有一次，華盛頓在新溫德遜酒店的樓梯口碰到他的時候，因為他的遲到嚴厲地責罵了他，於是這個年輕人抓住這個機會回答說：「先生，既然你認為我怠忽職守，那麼我們就分道揚鑣吧。」

這是一個男孩的行為，這個男孩的個子有五尺五寸高，120磅重，24歲，頂撞他那六尺三寸高，200磅重，50歲的上司，那樣子真有點滑稽。軍事規定要求每個人都必須準時，華盛頓對他的訓斥是完全合理合法的。甚至，有人認為，就算他因為那個男孩的「頂嘴」而給他一拳都不為過。

但是一個小時以後，我們發現華盛頓派人把漢彌爾頓叫去，努力想挽救他們的關係。雖然漢彌爾頓對於他的待遇感到

很驕傲，華盛頓原諒他的所有過錯，並且做很多努力盡量滿足這個年輕人的願望。華盛頓的寬宏大量是絕對不摻一點假的，還暗示說正在準備將漢彌爾頓調到一個可以充分發揮他的才幹的崗位上去。

在約鎮，華盛頓賦予漢彌爾頓一個冒險的特權，就是領導一次戰役。漢彌爾頓做得很出色，他很勇猛，攻破了所有的堡壘——在十分鐘之內就將敵人的堡壘打得破爛不堪。

那是他的軍事生涯的一個完美又適宜的結束。

當華盛頓成為總統以後，最重要的辦公室用來管理國庫。事實上，那裡僅僅只是一個辦公室而已——沒有經費，沒有來源，沒有固定的收入，也沒有存款，有的只是債務——國外的和國內的——被無數追債者追討。國庫是虧空的。有許多的人建議華盛頓說國家在這樣一種負債累累的情況下將難以維持，而唯一的辦法就是坦白地拒絕債務——將一切都抹去——然後重新開始。

這種做法正是國家所期望的，那些債務者也發現他們能還債的希望實在是很渺茫，他們願意妥協，但是要求是一美元要還十美分。羅伯特‧莫里斯是在南部聯盟的時候管理過財政的，但是他拒絕再次接受這個職務，他提出一個人的名字，說他可以讓混亂的局面變得有序，只要有人能做到那一定就是他。這個人就是亞歷山大‧漢彌爾頓。華盛頓找來漢彌爾頓，給他財政部長的職位。漢彌爾頓那時 32 歲，他放棄了那一萬

美元年薪的法律事業，接受了這個只有三千五百美元的職業。在英國的強權面前，華盛頓並沒有喪失信心，而是面對債權人惱怒的暴動讓他有點動搖，直到漢彌爾頓的出現讓他又恢復了勇氣。

漢彌爾頓決定的第一事是不應該拒絕償還 —— 試圖抹去債務的做法是很不明智的 —— 每個人都應該被照實支付。並且，首席內閣會承擔起每個國家的所有戰爭債務。華盛頓在這點上同意漢彌爾頓的觀點，但他不能做口頭通知亦不能寫書面論據來說服其他人，因此這項任務留給了漢彌爾頓。於是漢彌爾頓出現在國會面前，並解釋了他的計畫 —— 向他們解釋得那麼清楚，如此強大的說服力和清楚的分析力給他們留下了不可磨滅的印象。也有牢騷和抱怨，但這些根本就不能影響漢彌爾頓，因為他是從整個形式來看問題，而他們只是片面地看問題。漢彌爾頓曾經學習過財政的歷史，也知道每個國家的金融計畫。沒有什麼政治經濟的問題可以難倒他。對於政府科學，在美國沒有其它人比他更了解，了解到這一點，國會要求他準備關於國稅收入、沿岸航行的貿易、關稅、造船、郵局事務的報告，以及一份為司法系統所做的報告。只要碰到問題他們就問漢彌爾頓。

漢彌爾頓一直在運作這個難題的細節，他制定了全面、綜合和周詳的財政政策，來處理那些直到這一天，仍被保留在華盛頓手中的財政部各式各樣的帳戶。

他堅持認為，為了保護國家的信用度，每一筆債務都必須還清，這個問題現在的政治家都不敢質疑。他的政策的目的和意圖完全是高度透明的、公開的、真誠坦白的。在這個政府統治下的人們擁有絕對的安全，所有的工業都會變得興旺起來，「人民的興旺就是國家興旺。」這種程度歸功於漢彌爾頓為國家樹立的良好的信譽，在那段時間裡，政府借來所有的錢都不成問題；然而這樣一來，債務增長了。

這就是他的政策有利也有弊的地方。因為有一些人不能理解國家的債務是大家的事情，所有的人都有不可逃避的責任。亞歷山大‧漢彌爾頓是領導人。他又想方設法制定出一個政策，「為國家安排好了所有的細節」。他在計劃和策劃方面的能力，他行動的迅速和分析的精確，可以與拿破崙相比較，而且他們之間一定是不相上下。

但他不是一位處理外交事務的困難和精美藝術的專家──他不能等待。他要求別人對他的意見立即照辦，並且缺乏大度、耐心、鎮靜和高尚這些在亞伯拉罕‧林肯身上有著完美體現的特質。他也不同於傑弗遜，他的了不起的對手，他不能鎮靜地和沉默地等待他的時間。但我不會因此而否定一個人，因為他不是別人，而是他自己。

他只要稍微一瞥就能將事物看清楚，他知道就是知道，不會說大話。並且如果其他人不追隨他，他也有勇氣獨自前進，而那些人對他的意見視而不見，他們對愚鈍的人漠不關心，逐

漸讓他產生了對這類人的恨意。

有人說他的內心是一個君主制主義者，而且「這種人是很危險的。」這個國家於是被分化成了兩派，一派支持漢彌爾頓，另一派則反對他。他的天賦中的卓越特質為他編織了一張網，最後拌住了他的腳，導致了他的毀滅。

差不多一百年來，人們習慣將阿倫‧波爾看作是放蕩者、兇惡和十足的惡棍的代名詞，因為他奪走了一個性格溫和、無辜的人的生命。我對於波爾上校沒有任何歉意，關於他的生活在很多書本中都有記載，我不會有所隱瞞也不會多做解釋。

如果讓我試圖描述一下這個人，或者將他比作另一個人，那個人一定是亞歷山大‧漢彌爾頓。

他們倆年紀相仿，只相差了十個月；他們的高度只相差一英寸；他們的體重只相差五磅，在脾氣和性情方面，他們比親兄弟還要相似。兩個人都是熱情似火，雄心勃勃，充滿驕傲的。

他們偶爾會出現在上流社會，那裡不是為別人準備的一群為那些精力充沛、聰明機智、慷慨大方，顯示出良好性格的人。和女人在一起的時候，這些男人就會變得非常溫文儒雅、彬彬有禮。人們互相奉承，每一個低聲細語、充滿誘惑的聲音都有如音樂般甜蜜。

他們倆都不是很高，然而就連他們的馬車都這樣的神氣，到處都有人跟隨，還有女人回頭凝望。

他們兩個都是卓越的政府發言人和律師，他們擁有客戶，而且在政策允許的情況下賺取費用。在辯論上，他們之間既有恣意的侵略性，也有熱情的肯定，還有傲慢的把握，驅使法官和陪審員為他們做出裁決。亨利‧卡伯特法官說亞歷山大‧漢彌爾頓身為律師，客戶之所以對他趨之若鶩，是因為他的信仰來自於國外，沒有法官膽敢反對他。對於波爾也是一樣。

兩人都有大量的收入，而且兩人都花錢如流水。

在傳統教育方面，波爾略勝一籌。他的祖父是喬納森－愛德華牧師。他的祖父身為長老會的神父，曾經說過：「罪人逃不出憤怒的上帝手掌心。」具有很強的個人吸引力和敏銳的、多方面的才能，而波爾完全遺傳了他的才幹。他的父親是阿倫‧波爾牧師，普林斯頓學院的院長。波爾是普林斯頓學院的畢業生，和漢彌爾頓一樣，總有能力集中他的思想於他所研究的問題上。波爾的名譽與他對女人魅力的感受一樣具有世界共同性──非常普遍的財產。他快快不樂地結婚了，他的妻子在他三十歲之前就死了。他是個非常有熱情的人，像愛冒險的唐璜一樣四處遊歷。然而，一個史學家這樣記錄道：「他的夥伴只是那些受社會尊敬的婦女。已婚的婦女，因為不滿現在的婚姻，在了解了他的經歷後，也依照他的做法，並紛紛去向他徵求意見，好像飛蛾撲火一樣。但是年輕、稚嫩、無知的女孩對他來說是沒有吸引力的。」

漢彌爾頓愉快地娶到了一位貴族家庭的女人做妻子，她富

有、有知識、聰明、又溫柔，與他非常相配。他們有八個孩子。漢彌爾頓不管在哪裡都很有女人緣，因此常被捲進一些不光彩的陰謀裡。對於善於用計的女人來說他是很容易上當受騙的。有一次，這種事情被他一個政治對手知道了，作為威脅他的資本。漢彌爾頓於是寫了一個小冊子，將所有的不光彩的事情都暴露了出來，這讓他的家人和朋友大為吃驚。他的小冊子的副本現在可以在紐約的美國社會歷史陳列館看到。波爾當上了紐約州的檢察總長，同時也是美國的參議員。他們每個人都曾是華盛頓的手下，每個人都有過輝煌的軍事紀錄，每個人都在戰鬥中做過副手，每個人都曾獲得過榮譽勳章。

他們之間存在著嚴格不同的政治分歧，不僅僅有對事物不同的看法和意識，而且還存在著雄心勃勃的競爭。雙方都不願意看到對方地位上升，然而兩個人都渴望提升自己的地位和權力。波爾爭取總統的職務的時候，遭到漢彌爾頓強烈且嚴厲地反對，稱他是「危險人物」。

在選舉中，本來阿倫‧波爾還可以獲得最高人民辦公室的一張選票的。當時他與傑弗遜不分勝負。這個決定權交給了眾議院，結果是票給了傑弗遜，而波爾成了副總統。波爾認為，他也許是對的，如果不是漢彌爾頓的影響，他應該可以當上美國總統的。

還是副總統的時候，波爾又設法成為紐約州的州長，因為這樣便理所當然可以獲得下一屆總統選舉的提名權。

漢彌爾頓公開地、極力地反對他，這個職位又給了別人。

波爾又認為如果沒有漢彌爾頓的影響，他本可以當上紐約州的州長。

波爾因為有一個人連續地對抗而受到嚴重的打擊，而這個人也因為強烈的野心而被政治上孤立了。波爾讓他的朋友凡‧尼斯送了一封信給漢彌爾頓，問他之前說的波爾是一個「危險人物」是指政治上，還是指他個人。

漢彌爾頓逃避回答這個問題，說在他十五年的政治生涯中所說過的話他都不記得了。「尤其是，」他在他的信中說，「還期望我能為你所說的那麼含糊不清的事情作出解釋是沒有道理的。除非是在同樣的情況下我倒是可以作出相同的反應。然而，如果不是，我只有表示抱歉，但我們還是得尊重結果。」

當敵對的人使用挑釁的語言的時候就表示他是在發起挑戰。漢彌爾頓的過於禮貌的道歉，還說「必須尊重結果」，這就意味著戰鬥。

挑戰書經由彭德頓送到漢彌爾頓的手裡，他接受了。身為被挑戰的人（因為決鬥家通常都是有禮貌的），他有權力選擇戰鬥武器。他選擇了十級的手槍。

在西元 1804 年 7 月 11 日的早上七點整，決鬥的雙方來到韋哈根的高山上，在那裡可以看到紐約海港。透過擲硬幣決定由漢彌爾頓來選擇地點，第二次擲硬幣又是他贏了，於是他又

贏得施開火口令的權力。

　　每個人都脫掉他們的大衣和圍巾；手槍也是現場裝配的。當彭德頓把手槍遞到漢彌爾頓手裡的時候，問他：「要不要設置成一觸即發？」

　　「還不到時候，」漢彌爾頓回答道。當手槍被裝上子彈，扣起扳機，兩個人面對面站著，距離 30 英尺遠。

　　兩個人都臉色蒼白，但是看不見任何的緊張和興奮。兩人都沒有服用興奮劑。兩人都被問及還有是否有話要說，或者他知不知道有什麼其它解決這件事情的辦法。

　　兩個人都靜靜地作出了否定的回答。彭德頓站在離他的首長五十英尺的地方，說：「一 ── 二 ── 三 ── 射！」當最後一個音從他嘴裡進出來的時候，波爾開槍了，緊接著是另一方開的槍。

　　漢彌爾頓的腳趾痙攣了，搖晃著倒了下去，波爾放下他那還在冒煙的手槍，走向他去扶他，臉上露出後悔的神情。

　　凡‧尼斯為這個倒下的人撐起了傘，然後催促著波爾快走。

　　子彈穿過漢彌爾頓的身體，擊斷了一根肋骨，打進第二節腰脊椎骨上。

　　漢彌爾頓的手槍的子彈則打在了距離波爾的頭四英尺的樹枝上。

　　躺在地上的時候，漢彌爾頓看到了他的那發子彈，他說：

「看那顆子彈，他掉在那裡 —— 彭德頓在知道我本來就沒想向他開火。」

第二天，漢彌爾頓死了，首次證明了他對波爾上校其實是沒有惡意的。

波爾上校說他對整個事件都很後悔，但是漢彌爾頓的言語和他的態度迫使他不得不向他發起挑戰，否則就會被冠以懦弱者的臭名。其實在會議之前他就意識到如果他殺了漢彌爾頓，就意味著他的政治生涯也將結束。

那件事情發生的時候，波爾還沒有成家；漢彌爾頓有一個妻子和七個孩子，他的大兒子在三年前死於一次決鬥，就在他倒下的同一個地方。

波爾逃離了這個國家。

三年之後，他因為試圖在美國的疆界之內建立一個獨立國家而作為謀反罪被逮捕了。後來經過審判又被無罪釋放。

在國外飄蕩了多年以後，他又回到了國家，在紐約從事律師的職業。他相當的成功，過著安靜、節儉的生活，在西元 1836 年 9 月 14 日死去，享年 80 歲。

漢彌爾頓的遺孀在他死後還活了半個世紀，享年 98 歲。

世界的光輝也隨之而去。

# 第八章
# 丹尼爾‧韋伯斯特

Daniel Webster，西元 1782～1852，美國政治家，曾兩次擔任美國國務卿。他曾是美國歷史上最有名氣的辯護律師，僅在最高法院就出庭辯護過 168 個案子。西元 1812 年，年僅 30 歲就以聯邦黨人的身份當選為國會眾議員，後來又做過聯邦參議員和三屆美國國務卿，競選過美國總統，用其滔滔的辯才為國效力。從西元 1812 年出道，到西元 1852 年去世，在其 40 年的公職生涯中，不論是在法庭還是在國會，他一生都為維護和鞏固美國聯邦的統一、完整和權威奔走呼告。

不久前，我在用早餐的時候見到了你們所有名流中最聲名顯赫的一位 —— 丹尼爾・韋伯斯特。他是傑出人物的典型。你或許會向全世界宣稱：「這就是我們美國新英格蘭人，我們已在美國建立了屬於自己的精神紐帶！」身為一名邏輯學的開創者，維護人或是議會中的海克力斯，他是所有人違背整個現實世界而首先俯首的對象。他，深褐色的皮膚，岩石般粗糙的臉龐，濃密眉毛下那雙黝黑無神的雙眸，尤如一吹就散的燃燒後失去色澤的煤球，大猛犬般的嘴巴總緊閉著。我從來不記得在其他人的身上見過諸如此類的沉默博瑟克式的狂暴。「我猜想我是不會願意成為你的黑奴！」

—— 卡萊爾對愛默生說

上區中學時，我常常是一件印花棉襯衣紮到褲子裡，那是多麼精彩的歲月啊，沒有任何悲傷的痕跡。那時，我雄心勃勃 —— 我肯定自己有一天會在學校的單詞拼寫比賽中獲勝，然後提出一道讓老師也迷惑不解的數學的問題，再想個辦法戲弄一下教導主任，這樣，我的名字就可以全鎮聞名了。

正當我醉心於這些遐想的快樂之際，一片烏雲在我幸福的地平線上冉冉升起。怎麼回事呢？就是每個星期五的下午，煩惱的全部。

學校來了位新老師。一個女人，準確地說，是一個年輕的女人。有人預言她恐怕連一天的秩序都無法維持。之前有一個學期，曾經出現過一些大男生的暴動，他們幾乎將男老師教學

用的教學樓夷為平地了。爾後，又有一個男生時不時會把他的狗帶來學校。一次上課鈴響了，那隻狗跟著這個男生進了教室並且躺在課桌下，用牠的狗尾巴重重地連拍著地板。所有的人都偷偷地笑個不停。那個男生哄騙他的狗回家，就在要到教室門口的時候，那狗開始狂吠並哀嚎。整個課堂亂成一團，根本無法進行授課。但有一天這男生再也不用哄他的狗回家了，因為老師將匕首捅進了那隻狗的脖子，又拎起牠狠狠地扔到了窗戶外，那隻可憐的狗恐怕再也回不來了。現在，有個女人將要來教這個學校，雖然她個子很小，但那些男生都聽她的話，我那時認為女人可以和男人一樣在學校裡教學。不久後發布了一個恐怖的通知。此後每一週，我們都會有這樣的一個星期五下午：沒有任何課，每個人都要作一次演講，然後再舉行一次拼寫比賽 —— 這便是我煩惱的全部。哦，天哪！我受不了。

星期一是煩惱憂愁的開始，之後每過一天煩惱憂愁就增添一倍。儘管我的母親教我把要講的話已經練得很熟了，大姐也毫不吝嗇她的誇讚之辭，但那站在全校同學面前的恐怖感覺就如陰影般揮散不去。

星期四的晚上我只睡了一小會兒，整個星期五的早上我一直發著高燒，中午，我吃不下任何東西，但我還是盡力吃了一點，像個男子漢一樣硬撐著。在我大口咀嚼那無味的午餐時，鹹鹹的淚水驟雨般落到了手裡拿著的玉米麵包上。儘管女生們帶來了大束的野花和玉米桿，並開始裝飾教室的講臺，我的心

情卻沒有因此有絲毫的好轉。

最後，老師走到門邊，按響了電鈴。所有的人停止了玩耍。老師們坐好了自己的位子。一些參賽選手，臉色蒼白，卻依舊試著露出禮貌的微笑。一些選手在竊竊私語，相互詢問著，「詞都記熟了嗎？」還有一些參賽者不停地動著他們的嘴唇，不斷重複那些臺詞，努力把它記到滾瓜爛熟。

老師開始叫參賽者的名字。但是，我似乎看不見任何人上講臺，也聽不見他們在說什麼。最後，輪到我了。老師叫了我的名字 —— 就像一個晴天霹靂 —— 無比意外，無比震驚。我雙手緊緊抓住課桌，努力地支撐著自己站起來，走過過道，寂靜中，我聽見自己的腳步聲，猶如槌子錘地的聲音。我全身的血液幾乎開始燃燒，在我眼睛裡，耳朵中，鼻子內，不停地燃燒著。

我終於走到了講臺上。忽然被絆了一下，我差點跌倒。我聽到下面的竊笑聲，我知道是那個剛剛發過言的紅頭髮男生發出的。一下子，教室裡炸開了鍋，大家都大笑起來。

我很生氣，緊緊地握著自己的拳頭，指甲陷進了肉裡，血流了出來。我怒視著那個男生的紅頭，脫口而出：「我可能不知道別人會怎麼想，但不管是沉淪或奮鬥，生存或死亡，永垂不朽或是轉瞬即逝，我都會親手地投這一票，誠心誠意的。這是我此生的宣言，上帝保佑，死後我的靈魂依然維護此言。現在，美國是獨立的，以後，也將永遠獨立。」

這便是我的所有的臺詞。我一口氣全講完了，然後轉向座位走去。半路上，我記起自己竟忘了謝禮，又掉頭回講臺，猛地一鞠躬，再轉身回到自己的位子上。我聽到有人在教室跑著，笑著。

一屁股坐到位子上，我開始哭泣。

老師走了過來，輕撫我的頭，親吻我的臉頰，告訴我，我是今天最出色的。聽了其他幾個人的演講，我冷靜了下來，開始贊同她的觀點。

這就是丹尼爾‧韋伯斯特，他促使了美國所有中學建立了名為「星期五下午」的學習機構。他早期的努力得到他父母和老師的一再強調和重述，以至於現在每個男生幾乎都被認為有可能成為狄摩西尼斯，在參議院占有一席之地。

如果孩子有明顯的身體缺陷，深愛孩子的母親就會舉例道，狄摩西尼斯是一名身心障礙人士，口齒不清，他每天含著一嘴的小鵝卵石面朝大海練習演講，最後，他成為了一名偉大的雄辯家；還有眾所周知的丹尼爾‧韋伯斯特，他是因為身體太虛弱不能勞動而被父母送去學校接受教育。

演講是輕鬆自如的，辯論是激烈的，高聲的朗誦和激昂的手式，則是雄辯家的終極目標。公共學校裡十分之一的時間就是用來說的。每到星期六晚上，校舍就會變成辯論社團的活動中心。

再讓我們來看看呂克昂學府。這裡的雄辯家常常四處遊歷，他們有時停留在一處，展示自己的口才，並以每人 50 美分的價錢向人們傳授他們所感興趣的知識。近來，又掀起了一陣雄辯熱潮。每座城市從里德維拉到波士頓都有了自己的雄辯學校。在那裡，一種新發現的「自然方法」得到大力宣揚。一些這種「學院」做得很出色。就我所知的一所，他們重視培養人的同情心，遵循神祕主義。在這個繁忙勞碌的時代，能這樣做已經很不錯了。

　　但所有綜合起來卻並沒有迎來雄辯家的誕生。在老年人中，從不會誕生也無法誕生。你也許會擁有一所學校的詩人，或一個院系的巨人，或是可以給具有優雅、藝術技巧者發獎章，但談到要塑造一個雄辯家卻沒有人能告訴我們該怎樣做。

　　一天，瓦爾特·貝松特先生做一個有關「小說家藝術」的演講。在最後上臺之前，他調整了下自己的領帶，丟了一粒潤喉糖進嘴裡，準備走上講臺，這時，他覺得有人拉了他的外套下角。他不由地環視四周，發現了一張焦急的臉，是他的朋友，詹姆斯·派恩。「謝天謝地，瓦爾特」，派恩悄聲道，「你並不打算告訴他們你是怎麼寫小說的，對不對？」確實，瓦爾特並沒有解釋自己是怎樣寫小說的，因為他也無法解釋。派恩開場前的質疑挽救了整場演講，因為它也許會充滿個人的自負的色彩。

　　演講是人們最初接觸的文化。印地安人是善用「自然方法」的雄辯家。他們總是從細微的事情說起，激起人們的情緒，

那些仰視著的面孔，往往給予他們一種魔力，他們的演講總會變成一場奇異的雄辯。我聽說一些黑人傳教士既不能讀也不能寫，但是只要他們一出現在公共場合，他們神奇的語言及個人風度，就能激起廣大群眾熱情高漲。更甚的是，他們向我證明了讀與寫只是一種低級的能力，即使不能讀與寫的人也能夠擁有一種超強的個人魅力。

通常，住在城裡的人們不太容易被演講打動。他們彼此冷漠，缺乏想像，感情蒼白。他們因為見多識廣而變得處世淡然。當他們聚在一起時，習慣於無動於衷的他們彼此沒有任何的交融──演講者與聽眾之間沒有共同的靈魂，無法產生共鳴。他們如此的冷漠，連雄辯家也沒有辦法讓他們融為一體。雄辯家或許可以讓他們微笑，但在美國再也不可能用一個小時的時間去改變別人一生的觀念了。生活中，數以萬計的人需要去應付，積案如山的事物需要去處理，情感生活永遠都是漂浮不定的，註定沒有深度。如果想擁有深度，你只有與寂寞相伴；你再也無法看到男男女女坐著四輪馬車趕 50 里地的來聽演講者們討論政治時事；你再也無法看到營地集會時，傳道士用信念感動千千萬萬的人們，這些人們虔誠地跪倒在地，痛哭流涕，向上帝請求寬恕。

隨著智慧與時俱進，人們的精神狀態反而日趨低俗化了。人們內心的熱情似乎已經隨風而逝。

演講是一種淳樸的產物。偉大的雄辯家總是來自鄉村，他

們對鄉村的人們有著無限的吸引力。這些住在廣闊鄉村的人們也因此而覺得自己偉大，因為他們學到了口齒伶俐，優雅行事。但他們需要為此付出代價。他們缺乏衡量重大問題的能力，也沒有膽量系統地看問題，缺少堅持自己立場或從事物的反面進行表態。革命總是由農民和伐木工打響的，他們是隨時備戰的人們，全世界都會聽到他們的開炮聲。

當丹尼爾‧韋伯斯特的父親在新漢姆郡建立自己的領土時，他的小木屋便是這個殖民地的最北端。在他和蒙特利爾之間有一座居住著行蹤詭異的印地安人的原始森林。伊比尼澤韋伯斯特的長來福槍將無數冰冷的子彈送進了這裡許多紅皮膚的人體內。同樣還是這把來福槍在反抗英國政府的戰爭中立下過汗馬功勞。曾經，這把槍的主人在紐堡的華盛頓總司令部門外值勤，華盛頓出來說道：「韋伯斯特船長，我完全信任你！」

伊比尼澤‧韋伯斯特每次都要背著一帶玉米穿過樹林去十里地外的磨房把玉米碾碎，他的妻子孩兒只有乖乖地待在屋子裡。有時候，沒見過這種木屋的印地安人抑制不住內心的好奇心老想著要燒掉它，還常常在屋子的周圍呼喊。這時，房子的女主人不得不親自與這些野蠻人交涉：「要他們尊重私人財產。」

在這裡，丹尼爾‧韋伯斯特出生了，那是西元 1782 年，他是母親的第二個孩子。那時，他的父親已經 43 歲了，已經養育過許多孩子了，但是他的母親還只有二十幾歲。看起來，他們家早已一貧如洗，生活艱難，這樣的胎教完全超出對生命的期

待。還在母親肚子裡的時候，韋伯斯特就表示了極度的不滿並勇敢地用躁動不安來表示抗議。

儘管如此，丹尼爾·韋伯斯特的胎兒期就要結束了。給他接生的甘姆普夫人曾宣布他不可能活下來，如果他活下來了，那將是一個不可思議的奇蹟。他的生命似乎不容樂觀。

但是他勇敢地爭取到了生存權。生命中的第一年，他的執拗和暴躁成了他生命力旺盛的證明。他蹣跚學步的時候看上去很奇怪：穿著女裙，大大的腦袋，深陷的黑色眼睛及他認真的樣子。

因為體質弱，他得到比較多的溺愛。那些大女孩，他一半的姐姐都遷就著他，母親也是如此。在他還是嬰兒的時候，她們就教他怎麼拼寫自己的名字。他自己甚至說過不記得自己是什麼時候就已經開始讀《聖經》了。

當長大一點的時候，他並沒有被要求去樹林裡做雜事，因為他們認為他太虛弱了。小丹尼有一個信念，並且時時鼓勵自己緊緊抓住這個信念。他在樹林裡遊蕩時，釣魚時，捕獵時，他會如饑似渴地閱讀任何在路上見到的文字。

能夠閱讀任何種類的出版物，而不是足夠強壯去勝任體力勞動，很早的時候，他就已經被決定送去接受教育了。這並不需要做謙卑的懺悔。但我們可敬的祖先多半鼓勵教育是因為幸運的知識擁有者往往較早地得以從繁重的體力勞動中解放出來。

當丹尼爾 14 歲時一位國會議員為了加強自己的競選影響力而來看望伊比尼澤‧韋伯斯特。在這位大人物駕車離去後，伊比尼澤對自己兒子說：「看，丹尼爾，他受過教育，在國會整天無所事事卻能拿六美元一天。可是你老爸呢，每天含辛茹苦地在這岩石山中沒命的工作，一年也難見到六美元。丹尼爾，你也要去接受教育。」

　　「我會的。」丹尼爾回答道，他伸出胳臂抱著父親哭了起來。

　　韋伯斯特出生的村莊 —— 索爾斯伯利在康珂以北十五里的地方。你離開波斯科灣的火車站後，就會看見一輛古老的破舊不堪的驛站馬車，駕駛它的是一個喜歡喋喋不休的傢伙，他會帶你去索爾斯伯利，價錢是每五裡二十五美分。整個村子坐落在巨大的露出地面的花崗岩山脈上，這裡的居民們管這些石堆叫「岩石農場」，對於這些，你會既欽佩又不由地對他們生出憐憫之情。

　　當我們沿著山路慢慢悠悠彎曲前行時，一座錐形的鄉村教堂映入了眼簾。不一會，我們已走在通向這個被遺忘的沉睡已久的地方的山路上。老車夫讓我在一家客棧門口下車，我和他握手告別。我走進這家客棧尋找老闆。原以為店老闆是一個具有典型芝加哥特徵的女人，但，我錯了，大老遠從瓦克郡跑來斯特拉福的，見到的店老闆不禁讓我感嘆道：「哦，我的天啊，為什麼一位莎士比亞一樣的男人竟住在這麼偏遠的地方。」

　　索爾斯伯利居住著四百多居民。在那裡你可以以五十美元

一年的價錢租到一套房子。也許你會嫌看守房子太麻煩了，那就住在客棧吧，一個星期三美元。那裡四處都是各式各樣被遺棄的農場，已經荒涼得慘不忍睹，就算是凱特散布尼也沒有重新開墾的勇氣。

旅館的老闆告訴我他這裡不允許舉行「收穫舞會」，有舞會時他的房子是不會開放的，即使是七月四號的建國舞會，或是聖誕晚會。當然，所有的當地居民都知道韋伯斯特出生在索爾斯伯利，但是他們對此並沒有表現出太多的自豪感，因為在東奧羅拉，那裡的曾住著的一位前市民是巴納姆和百利馬戲團的表演者。

在這些新英格蘭村莊居住的老年人的年齡會讓所有來自西部的人們大吃一驚的。索爾斯伯利這裡有大群大群的 75 歲到 90 歲的老年人，他們事實上都有同樣的疑問，就是為什麼韋伯斯特沒能當上總統。我發現他們認可的原因中有覺得韋伯斯特的能力不夠的，但大部分都認同是因為他犯了一個致命的錯誤，那就是他選擇離開新罕普郡而成為了麻薩諸塞的一名公民。

為了能讓丹尼爾‧韋伯斯特去學校，他的父母親為此做出了巨大的犧牲。為了他一個人的前途，家裡的其他每個成員必須無私奉獻一切。這個男孩理所當然的接受了得到的一切，因為他從出生時就已經習慣了被保護和寵愛。最後，我們不得不承認凌駕於他同伴之上的那個人就是有權利能讓別人為自己工作的人。巨大的成功背後總會有無數的犧牲者。

縱觀韋伯斯特的一生，他總是以一種高高在上及傲慢專橫的姿態無償奪取他人的勞動成果，這似乎是註定的。毫無疑問，他家人對他傾囊而出的做法，在他腦子裡烙下了不道德的觀念，他可以忽視自己的義務，可以無償地享受別人的成果，這一觀念伴隨他一生。

這裡有個關於他和哥哥以西傑去趕集的故事，比整章書更好的體現了哥倆的性格特徵。父親給了兄弟二人每人一美元去買自己想買的東西。當二人回家的時候，丹尼爾興高采烈而以西傑則垂頭喪氣的。「恩，丹尼爾，」父親問道，「你的錢用了嗎？」

「當然用了。」丹尼爾高興地回答。

「那，以西傑呢，你的錢你是怎麼用了？」

「借給丹尼了。」以西傑無力地答道。

在兄弟倆之間有一份良好的感情契約。以西傑比丹尼爾大兩歲，不幸的是，他健康而強壯，很小的時候他就得開始工作了。我想他的父母從沒想過要送他去接受教育。直到丹尼從達特默思畢業，丹尼爾與以西傑之間的這種特殊的關係才終止。

在體格上他們差不多：都高高個兒，長相清秀，瘦瘦的。當他們上了年紀後都變得粗壯，都給人很壯實的深刻印象。以西傑的膚色較淺，健康而紅潤；而丹尼爾的膚色較深，呈土黃色。我遇見過認識他們兄弟的人，他們一致都認為以西傑無論

是智力上還是心理上都比丹尼爾要強。

當以西傑成為一名學生時，丹尼爾早就畢業了。身為顧問，以西傑更加可靠。在以西傑快要逝世的那一週，丹尼爾正打點著他哥哥一切重要的事務。當以西傑在康珂的法庭上猝死的消息傳到丹尼爾耳中時，這對他而言，無疑是一記沉重的打擊，其哀痛大於失去妻子和子女。身為朋友和顧問並讓他請教了一生的人，就這樣永遠地離開了，他那張寬大的，岩石般的臉上流露出難以抹去的悲傷。但是，憂愁和痛苦造就了今天的巨人，他們忍受住了難以沉受的生命之痛。

在他兄弟逝世兩年後，他作了一次演講，這成了他後來的代表作。當歡呼聲在他耳畔響起時，他轉身對加基斯特瑞說，「哦，要是我老哥在這裡該多好啊！」誰在那裡聽到這樣的悲鳴都會為之感到心碎的。我們為其他人工作，贏得參議院和整個群眾的喝彩，但是卻不知道某個自己在乎的人是不是會覺得高興，而這沖淡了所有成功的喜悅。

「當我歌唱贏得歡呼時，希望能在舞臺的一側見到你，你擁我入懷，親吻我的臉頰，悄聲道，一切盡善盡美。」佩蒂為自己的愛人寫這首歌時表達了一種大眾普遍的情懷，人人都需要有人理解自己，和自己分享事業成功的喜悅。對過去生活的緬懷在獲得成功的時刻似乎就會漸漸淡去，悄悄尾隨而來的是在成功快樂之中的長久沉醉，勝利者願意在這種感覺中多停留一刻，因為他知道這是自己年復一年的不懈奮鬥與努力而換來的。

西元 1803 年 1 月 26 號，韋伯斯特作了一次高水準的演講。那次演講讓他名聲大震。那時他四十八歲。他畢生的努力早就為這次致辭做好了準備。這是有關他最愛的主題，他琢磨最多的主題，也是他曾演說過最精彩的唯一的一個主題 —— 美國的偉大、輝煌及潛力。演講長達四個小時，稿紙密密麻麻地寫了七十多頁。他已經全力以赴，殫精竭慮了。這是可以為他評價的最好時刻。

　　因為他總高高在上地坐著馬車，壯碩的頭顱一動不動的，在人們的印象中，他便是個非常高大的人。但實際上，他只有五英尺十寸，體重不超過兩百磅。他那倔強的臉上布滿了憂傷，在他開口說話之前就已經給人留下了不可磨滅的印象。他已過了熱切期待成功的年紀了，因為沒有人能如他那樣不經意間取得了自己最高的成就。在演講中，個人必須放棄對成功的欲望，否則，聽眾永遠都不會給予你成功的掌聲。

　　海恩是個才華橫溢的睿智的演說者。他曾為爭取個體聯邦州的權利與眾議院及參議院分庭抗爭，極力反對其通過的法律條文，以致該法律條文無法實施。他主張組成美國憲法的各法律條文必須得到各州民眾的一致贊同才能生效，只要有任何一州的民眾不支持某條文，該法律條文便不得生效。海恩先生成了辯論的最終勝利者，這一觀念現在得到法律學者的普遍肯定，他的邏輯完全正確公正。對此持異議者毫無疑問都錯了。西元 1812 年新英格蘭幾乎廢除了美利堅聯合國的法律條款，西

元 1814 年哈特福政黨提名大會聲稱支持該權利。約瑟亞‧昆西擁護各州廢除可憎法律條文的基本權利，這是毫無質疑的。

美國憲法的組成條文上只說我們「最好」聯合起來，而並沒說是「必須」。但隨著時間的推移，給人的感覺是只要哪一個聯邦州一旦想掙脫聯邦而獨立，整個民族馬上就會面臨不安的局面。

一次，我在科羅拉多草原上參加一個派對時，陷入一場隨時會遭到印地安人襲擊的危險之中。派對中的兩人希望能回去，但派對發起者抽出他的左輪手槍威脅每一個企圖逃命的人，「大家要是不聯合在一起就只有一個接一個的死去。」從邏輯上講，每個人都有權利逃命，為自己的利益進行選擇，但權衡利弊制定出一條臨時法律也是因為每一個試圖單獨逃離的人都會使自己陷入危險的境地。

韋伯斯特被賦予了一項使命，那就是重新改寫美國憲法，將美國憲法變成威嚴的法律而不僅僅只是一個協議。韋伯斯特的演講不再是一場純粹的辯論，而成了一種懇切的呼籲。他強有力地指明分裂的危險，回顧輝煌的過去，並展望卓越的未來 —— 只屬於絕對聯合及忠實於整體利益的我們的未來。他，成功了。

自從那次演講後，便有了這樣的一條法律：如果卡洪允許南加利福尼亞廢除任何美利堅聯合眾國法律條文，傑克遜總統可以合法地進行遏制或將他和海恩絞死在同一棵樹上。人們都

將贊許這一行為。韋伯斯特沒有撤銷這一條款──只是將此延後。西元 1860 年，南加利福尼亞再次觸發此事。這次他們採用了另一種方式，百萬民眾共同請願，耗費數以萬計的人力財力要求重寫美國憲法有關條文，這一舉動已關係到整個民族的存亡。

在布林朗戰役中，也就是南北內戰的第一次戰役中，伏蘭契‧韋伯斯特上校──丹尼爾‧韋伯斯特唯一倖存的兒子犧牲了。他的死，意味著整個家族的斷滅。

韋伯斯特的聰明才智並不具有什麼獨創性。他的辯論也沒什麼驚人之舉，但是他有一種特殊的才能，總能借鑑一個古老的真理，並用一種催人淚下的方式對之進行陳述。當聽眾被鼓動時，一切就盡在他的掌握之中了。他有能力將所有的論據一一呈現。

在雄辯者的魔咒下，聽眾變得一心一意：最笨拙的技巧也顯得比平常奏效，而再強的洞察力現在也會失效。低廉的才智此時總顯得熠熠生輝，陳腔濫調變成金玉良言。我們為兒時就耳熟能詳的笑話狂笑，大喊著：「對，太對了！」當臺上的偉人抬起雙手，他灼熱的眼神讓一切沸騰，人們的反應會是平常的兩倍。

演講是一種大範圍的催眠。透過演講，聽眾以一種被誘導的方式接受了某些觀念。

韋伯斯特是個律師，但他還不能利用一切技巧和手法讓法

官和陪審團為之動容而偏向他的立場。這一點在他著手推翻史蒂芬吉爾阿德遺囑內容的時候得到了證實。

吉爾阿德是個自由思想者。他留下一筆錢建立了一座大學，而任何牧師或神父都沒有權力插手管理。

現在爭論的焦點問題是，用來建立大學的遺產是否是一種慈善遺贈？如果是，那麼遺囑將得到遵守。但如果這份遺贈只是一個剝奪合法繼承人的繼承權的陰謀，是出於古怪的個人原因而將資金進行轉移的手段，那麼遺囑就應該被廢除。韋伯斯特先生進行了呼籲，名義上，這只是出於一種仁慈，一種基督徒的仁慈。但吉爾阿德不是一名基督徒，他公然冒犯基督教，不允許牧師在他的學校任教。韋伯斯特先生慷慨激昂長達三小時，滔滔不絕地引述基督徒催人淚下的信仰，回顧他們的成功歷史，公開指責他們的敵人。

這場爭辯已超出了法律的範圍，變成了一場激情與偏見的決戰。

法庭花時間平息了這場騷動，然後非常平靜地判決韋伯斯特反對無效，繼續維護遺囑內容。這座大學的教學樓聳立至今，成為美國純希臘藝術的最好代表作，是吉爾阿德大學的一大貢獻，現在是我們整個國家的無價遺產。

韋伯斯特最精彩的演講之一是在美利堅聯邦的終極法院前的有關達特默思學府一案的辯說。在那裡，他從教育的動機著手辯護，他的辯說詞分量十足，莊重而精彩，處處遊刃有餘。

吉爾阿德大學的案件，是在此十八年後，他顛倒了他的邏輯，不講究技巧地陷入了觸犯過於自由教育的危險之中。

　　現在沒有人大膽到宣稱韋伯斯特是個基督徒。同樣，他也不是一個自由思想者。他從他父母那裡繼承了宗教觀點，從未考慮過做任何的改變。他簡單地認為宗教只是政府組織的一部分，是為了建立秩序而採取的鞏固及安全措施。

　　約翰‧藍道夫曾經談論到此敏感話題：「如果韋伯斯特受僱於某一案子，他就會沉迷於其中，喪失自己的信仰。他對於委託人權利的信念常常更改，他的熱誠會因一張支票而高漲。」

　　韋伯斯特擁有成為雄辯家所需要的各種必須的資格。所有聽過他演講的人，在說到他時，都會從他的表情談起。他將他高尚的引人注目的丘比特式的表情發揮到極至，即使聽眾最後恍然醒悟也早已經被他完全征服，成為他的支持者。

　　沒有任何其他美國人能夠像他那樣憑說話就會產生這麼大的影響。他值得，也必然會與伯克、查塔姆、謝里登和庇特齊名。審問的案件接連不斷，判決無時無刻不在進行著，這一切都被載入歷史的書卷之中。不會再有重審，因為韋伯斯特已經死去，他的力量，在他的遺體被安葬在馬什菲爾德 —— 他年輕時妻兒的墳墓旁邊前，早在 30 年前，就已然消逝了。

　　演講是崇高藝術的最低級形式。它影響的力度永遠都將是討論的話題。它的最終效果取決於聽者的情緒和性情。但對那些還未對圖謀不軌叛國作好準備的人來說，音樂甚至都能發揮

到小小的影響，影響到他們的決定。音樂可以用筆記錄下來，即使未出生的胎兒也能詮釋它，音樂自身的魅力足以讓它世代流傳。文學永遠都不會消逝：它是萬古長青，與世共存的。因為印刷的紙張會被重新印刷成千上萬次，況且，生活猶如荷馬史詩般透過口述代代相傳著。就算今晚所有包含莎士比亞戲劇的書籍全被焚毀，明天仍將被那些耳熟能詳的人重寫。

隨著歲月的流逝，印刷本漸漸褪色，時間腐蝕了那些帆布上的圖畫。大理石雕塑從地基上消失了，卻有那些殘存的碎片幫我們復甦一個民族的過去生活。但在雄辯家死去後，聲音消失在空氣中，只作為記憶存在於那些不能傳譯者的頭腦中，成為道聽塗說。藝術的本身是偉大的，但藝術的影響卻是另外一回事。

能影響別人信念和觀念的人也必將影響所有後世的其他人。因為影響力，確確實實，是無法被摧毀的。

從各方面來看，韋伯斯特缺少與他聲響與表面所相符的穩定的內在信仰；但他的內心深處卻無比地堅守著一個不變的主題，他相信美國的偉大和其使命的莊重。他將自己充沛的愛國之情傾注到數以萬計的人們的思想中。從他十八歲在漢諾威的第一次演講到他幾近古稀之年的最後一次演講，他用對國家大地的愛照亮了人們的內心。無人能計算出多少次，我們國家的偉大性因為他那神奇的語言和鼓舞人心的出場時的口才而日趨增長的。

韋伯斯特生活的熱情在以下這段絢麗的文字中得到了很好的寫照：

　　「當我的雙眼最後一次轉向注視天空中的太陽時，我是否還能見到它在曾經輝煌的聯邦政府破碎蒙羞的殘骸上空閃耀——那個四分五裂、政見不一、戰亂不休的聯邦，那塊因國內分地不均而離散的土地，那片也許浸透了『友好』鮮血的土壤。讓他們虛弱不捨的眼神停留在這裡，而不是共和政府那面華美的旗幟上。現在，來了解景仰這片熱土吧，它仍然全速地前進著，它的武器和戰利品依舊閃爍著最初的光輝，毫髮無損，一塵不染，熠熠生輝。它承載著它的箴言，沒有諸如『這一切都是為了什麼的？』痛苦的質疑，也沒有那些『自由第一，聯邦其次。』的謬見和蠢行。四處洋溢的是融合的生生不息的光芒，將遍布國家的每一個角落，所有的山川大地和五湖四海，飄溢在廣闊天空裡的每一陣微風中。濃濃的情誼充盈著每一個真正的美國人的內心，『自由和聯邦，從今往後，生死相依，永不分離！』」

# 第九章
# 亨利・克萊

　　Henry Clay，西元 1777 ～ 1852，美國參眾兩院歷史上最重要的政治家與演說家之一，輝格黨的創立者和領導人，美國經濟現代化的宣導者。他曾經任美國國務卿，並五次參加美國總統競選，儘管均告失敗，但他仍然因善於調解衝突的兩方，並數次解決南北方關於奴隸制的矛盾維護了聯邦的穩定而被稱為「偉大的調解者」。並在 1957 年被評選為美國歷史上最偉大的五位參議員之一。

如果要對權利進行任何描述的話，不是其他的什麼權利，而是能將聯邦政府各種不同形式的各個政黨聯合起來的權利，無可置疑，這是指個人的法定權利。無論他是從事何種職業，是靠出沒於危險的深海之中維持生計，或是面朝黃土背朝天的整日辛勞，還是從事最卑微的機械的工作 —— 無論何時何地任何美國自由人的神聖權利受到侵犯，都應該將所有的民眾聯合起來，將所有的武器準備好，隨時捍衛神聖的個人權利。

—— 亨利‧克萊

　　這有個故事，是關於兩個移民的，一個愛爾蘭人和一個英格蘭人，他們正好同乘一艘即將抵達紐約港口的輪船。碰巧，這天是 7 月 4 日，浪費火藥的事情已經停止了。許多船隻點綴著彩色旗幟 —— 紅的，白的和藍的。

　　「幹嘛這麼小題大做？真不知道是為什麼？」英格蘭人嘮叨。

　　「為什麼？」愛爾蘭人回答。「因為，今天是我們將你們趕走的日子！」

　　這則故事的寓意在於，一個愛爾蘭人在到達紐約灣海峽不久後就會以「我們美國人」自稱，而英格蘭人卻會在五年零一天的時間中繼續說：「你們美國人」。更多的是，愛爾蘭 - 美籍公民會對英格蘭 - 美籍公民心存芥蒂，會一直視他們為外國人，甚至到他們的第三代第四代還是如此。

從沒有人會比亨利‧克萊更強烈地憎恨英格蘭人了。

一些宗譜學家做出英雄般的努力得出克萊的祖先曾是英國貴族，但是這一定意義上的成功只帶來了輕率的嘲笑和明智的悲痛。

這些熱忱的血統追獵者研究愛爾蘭的德里郡的地區名單，滿懷熱情的認為他們擁有一位巴爾克式的大貴族。他們可能還從美國克萊家族追溯到倫敦德里郡的最忠誠（最漠不關心的忠誠）的農民克萊尼家族。

亨利‧克萊個性中的各種特質體現了獨特的愛爾蘭特點。愛爾蘭人的特徵就是他的特徵，全部都在他那裡體現出來了。他表情豐富，感情充沛，易情緒化，出人意料的幽默，並會因為很小的事情激動而和朋友爭執，跟敵人對抗。後來他執著於經營特殊專有物品而以交涉出名。亨利‧克萊與參議院的告別演講及他幾年後的重返參議院，成為了歷史上最具有愛爾蘭特徵的舉動。

地球上沒有比你們愛爾蘭紳士更高尚的人了，而亨利‧克萊不僅僅擁有紳士所有的最崇高最出色的特質，也沾染了一些劣質。克萊結交朋友與其他任何美國政治家都不一樣。「要是中了他花言巧語的圈套，你就會愛上他。」有人寫道。人們愛他是因為他看上去親切可人，因為愛只是感性的。愛爾蘭心是充滿了愛的。亨利‧克萊以基督徒自稱，但時常他卻聖潔得粗俗。我們可以在約翰‧昆西‧亞當斯的權威日記中看到。這個

日記當然是可信的，因為甚至是好戰的愛爾蘭人，安德魯‧傑克遜都說過：「亞當斯的日記很可能是確切的 —— 真是該死！」

　　所有的文字都暗示了克萊是個開朗快活的人。他在紙牌遊戲中的損失常常將他置於嚴重的財政虧空的地步；但他做好了準備把他的關注轉向重大性的選舉，一場賽馬或狗戰，在此他聲稱著自己的「個人責任」 —— 進行兩場決鬥，陷身於各式各樣的微不足道的「誤解」中。

　　但他仍然不失為一位偉大的政治家 —— 這個國家造就的偉人之一，身為一名愛國者沒有人比他更加忠誠了。對他而言，美國是至高無上的，並永遠是。他的名譽，他的財富，他的生活，他所有的一切都屬於美國。

　　萊辛頓這座城市居住著兩萬五千的原住民。兩種地域形式的文明交匯於此。

　　其中的 F‧F‧V‧ 的文明，轉變成了一種獨特形式的貴族階層 —— 藍草大貴族，享譽全球。藍草上流階層代表著悠閒，奢靡及世代相傳的慷慨好客。這個階層意味著廣闊的土地，貴族莊園，掩映在大片橡樹和榆樹下的鄉間馬路綿延不斷，松鼠在樹林裡閒聊，眼神溫和的奶牛好奇地注視著來客。還意味著蘋果園，園中成行的排著黃楊木，眾多大容量的馬廄，一排排長行的粉刷了石灰水的房舍，四處遍布著密如烏雲般的雇傭工人，他們跳舞，唱歌，歡笑，還有不得不做的勞動。

　　除了這些，這裡還能看到貨車，電燈，紋路精美的新磚瓦

房，穿著制服的黑人員警在那些疲憊不堪的百老匯人群後喋喋不休，被下水道和導管撕裂的街道，充滿了焦油和瀝青難聞氣味的蒸汽壓路機，數不清的按鈕和一句禮貌的問候。

哪一種形式的文明是更能讓人稱心如意的？這個問題的答案往往取決於個人的喜好和性情。有一點是確定的，那就是當自豪搖擺向另一邊時就會變成一種虛榮，而自豪與虛榮常常同時並存。兩者能夠從雙方各自學到一些東西。你將自己腳底下的地皮，租給十戶人家，這些一里外的耕地能賣到五十美元一英畝，可這並不是一種理想的生活條件。

另一方面，在萊辛頓這座城市的內部有著被甚至上百畝土地環繞著的公寓群。但其中的有些公寓已經破損不堪，大門從戶樞上掉了下來，做籬笆用的尖板條被借去當了柴火，遍地蔓延的藤蔓植物和毛茸茸的長草布滿了空蕩蕩的馬廄的牆壁，森林般成片的野草粗暴無禮地侵占的地方曾經是時髦貴婦的花園。

緩慢但又不可扭轉的，藍草大貴族正向馬齒莧和瀝青路作出讓步，他們搬到了公寓，允許那些往來無定所的工人對美好的耕地任意處理，在上面四處遊竄，並練習參加拍賣會的情景。這些都是較偏僻的土地，被計劃著以分期付款的形式賣掉。這個計畫是一個憤世嫉俗的人提出，他還打算將這些地變成腳踏車場。

穿過阿什蘭，你會發現這是份吸引人的地產。最近它被虧本出售給了一個來自麻薩諸塞名叫道格拉斯的男人，據說是個

腦袋光光穿著價值三美元鞋子的禿子。這宏偉壯觀的老公寓在為先前的老主人哭泣 —— 一切都沒了 —— 一個節儉的日爾曼人正在耕耘著草地，草地上道格拉斯的奶牛（溫柔而真實的）正吃著以前栽種的苜蓿。

但今天，阿什蘭還在那裡，依舊美麗如初，可愛動人，亨利‧克萊寫信給班頓時就表示過自己的喜愛，「我愛老阿什蘭，那所有長滿綠樹與鮮花的土地，茂盛的穀粒，以一種莫名的方式吸引著我，而雄心壯志是給不了我這種感覺的。不，我要留在阿什蘭。」

已雜亂無章的老房子被掩蓋在四處蔓延的藤葉和繁茂生長的薔薇叢中，濃密的西洋杉也嚴嚴實實地遮掩著，因此，你幾乎難以在其中找到煙囪的頂部。一條狹狹長長的小路穿過由亨利‧克萊親手栽種的洋槐樹帶著你一直通向四季敞開，熱情好客的大門。那裡，一個黑色的戴著羊毛帽子的男人，微笑著表示歡迎來訪。他將你從笨重的行李中解脫出來，並帶領著你去安排好的房間。

夏日的微風慵懶地吹著，穿過敞開著的窗戶，唯一能聽到有生命的、充滿活力的聲音似乎是在觸手可及的屋簷上築巢的兩隻知更鳥唧唧喳喳的叫聲。這個黑人替兩隻鳥兒道歉，輕輕地詛咒著牠們，提議將鳥兒趕走，但你阻止了他。那個黑人走後，你開始沉思，將鳥兒趕走的建議恐怕只是上流社會的善意的謊言，這個老男人可能沒有任何將鳥兒趕走的打算，除非牠

們自己飛走。

　　檯上擺著一瓶剛摘下的新鮮的玫瑰，早晨的清露還掛在花瓣上，你對此感嘆不已。但注意力馬上轉移了，因為你發現你的郵件正躺在那裡等著拆封呢。在這些新出現的朋友們問候你之前，家鄉的親人和朋友捎來了他們遙遠的祝福。你還沒有見識居住在這裡的善良的人們，除了那個假裝打算殺死啼叫不停的知更鳥而又沒有那麼做的老黑人。沒有過分殷勤的款待和讓人喘不過氣的熱情——這個地方現在是你的了，所有的一切。你斜倚著窗戶，低頭默默地注視著園中的花床，驚異於這份神奇的沉靜、舒緩與祥和。你甚至會為住在辛辛那提和芝加哥的居民感到難過。沙沙的風聲穿過松樹林飄到你的耳畔，好像大海的低聲吟唱。順風而至的伐木般的聲音打破了這片寧靜，原來是一些遠去的四輪馬車的吱吱呀呀作響聲，越來越遠，越來越遠，漸漸千里之外。

　　一陣禮貌的敲門聲把你從睡夢中驚醒，你的主人不期而至。你似乎一下子就了解他了，儘管之前你們素未謀面。這也許就是所謂的一見如故吧。真是心有靈犀一點通。

　　他只是希望對你說一聲，你的到來對阿什蘭所有的家人而言是一份莫大的榮幸，如整個地方一樣，圖書館也是你的，午飯時間是一點整，喬治亞將為你準備你所需的一切。回到陰涼的走廊，你瞥見了那個老黑人，當他的名字被提到時，他總是低低地鞠著躬。

比起亨利‧克萊當年在這遍可愛的土地上辛勞工作，未雨綢繆，費心費力時，如今的阿什蘭得到了很大的改觀。自從那個讓阿什蘭不朽的男人的身體於西元 1852 年 7 月躺在這裡後，這塊土地見證了滄海桑田的變遷。邁克道威爾上校的妻子是亨利‧克萊的外孫女，看起來滿足了那個由偉人的後裔繼承阿什蘭的條件。邁克道威爾上校有錢有勢，品位不凡，擁有與生俱來的自豪感，這些都促使他將繼續保留前主人的所有傳統。這六百英畝的適宜耕種的富饒沃土，牛肥馬壯，現在的欣欣向榮的景象一定會讓克萊感到由衷的歡慰。

圖書館，大廳和餐廳到處都掛著偉人各式各樣的肖像畫。在樓梯的轉角處有一座雕刻精美的偉人的半身銅像，顯現的是側臉輪廓。他的書，汗牛充棟，一一擺放在書架上，書上作滿了記號，有些書頁折捲著，每一頁還有許多潦草的字跡。這些足以反證那句老話「克萊從不讀書」是謬論。有些人只在年輕時學習，但克萊在自己過了 50 歲後更加勤奮好學了。他的讀書習慣隨著年齡的增長而日益增進。

這裡有他的發令手槍、刺馬釘、馬鞍和備忘錄，還有很多信，褪了色，已發黃，乾了上百年的墨水的黑色粉末給它們蒙上了一層灰。信中寫著一些對官方的請求，或是些表示不會忘記恩惠的莊重的話語。

離南部界限不遠的地方有一座巨大的森林，到處都是胡桃樹，橡樹和栗樹 —— 這是廣闊森林的見證，丹尼爾布尼知道。

亨利‧克萊說，那時，這裡有很多這樣的樹，也正是因為在這裡，它們才留得下來。如今的阿什蘭還是老樣子，跟海華德一樣，任何樹的砍伐必須經過全家人的贊同或反對來決定最後的「死刑」是否執行。我聽說邁克威爾小姐曾為挽救一棵古老的橡樹作過滔滔不絕的呼籲，而那棵老橡樹早已經成了寄生植物和松鼠們的避難所，就如眾人認同的那般，它就像我們的祖先一樣已到了垂垂暮年。邁克威爾小姐的呼籲要比「哦，樵夫，請救免這棵可憐的老樹。」之類的有說服力多了。最後，這棵老橡樹終於得到被賜予緩刑一年的機會。我認為，在我向仁慈這邊投上我的一票時，那些做判決的人們是贏不了這樣一位年輕的女子的，因為比起我們坐著的這棵老橡樹，他們看上去更處於絕望的死亡的邊緣，他們的內心更加的空洞。

阿什蘭就在法院南面的一英里處。過去，亨利‧克萊常常騎在馬背上往返於小鎮和他的農場之間，這條路上疏疏落落地立著幾處房屋，但現在街道兩旁高樓林立，路面經過細心地打磨，每十秒鐘電車道上就會開過一輛隆隆作響的電車，呼嘯而去，開往神聖之門。

萊辛頓建於西元 1774 年，目的是為了紀念其創立者可隆尼‧佩特森，或丹尼爾‧布恩。當建築師忙於他們的工作時，勝利的消息從不列顛的一些戰場和全副武裝的農民那裡傳來，自由的精神迅速地傳開，於是這座小鎮就被取名為萊辛頓。

萊辛頓擴展建設的三年後，亨利‧克萊出生了。他是一個

住在維吉尼亞貧民區的窮困潦倒卑微低下的浸信會傳教士的兒子。這個男孩對他的父親沒有什麼鮮活生動的記憶，因為在他還很小的時候，父親就已經去世了。

這個家庭的母親拉扯著七個孩子艱難度日。如果沒有善良的鄰居伸出援助之手，他們一家恐怕就會淪落到乞討為生的地步了。確實，沒有人能責備一個拖著一窩孩子的寡婦，命運弄人啊！這個八口之家最後終於出了唯一一個名聲卓著的人，而之後再也沒有出現其他任何傑出者了，漸漸被我們遺忘。

亨利·克萊畢業於哈德·諾克斯大學，在同等條件下他還修了一些研究生的課程。在亨利·克萊的生活早期我們就能看出他對知識的渴求，他接受能力強，求知欲旺盛，理解力優秀，可以利用一切機會進行學習。思考和汲取知識的能力是大學能傳授給求知者最好的東西。我感到疑惑，大學是不是還能繼續對克萊發揮到幫助作用，也許它會磨滅他那如鑽石般璀璨的智慧的光芒，挫鈍他在人生道路上勇往直前的鬥志。這些能力總體上來看，顯現了克萊的性格本質上仍然是陰柔的。以梭羅為例，直覺和同情心總是能在那些世界的拯救者身上看到，而這些都是純粹的女性特質——遺傳自母親的對於更美好事物的嚮往。

從鄉村雜貨店的店員到圖書管理員，再到律師的抄寫員、為左鄰右舍寫信的人、讀經師然後是律師，這個雄心勃勃的男孩一步步從容不迫順其自然地實現著自己的理想。

在古老的殖民地維吉尼亞沒有什麼太大的發展機會，因此，年輕的克萊去了西部，20歲的他在萊辛頓定居下來。他希望申請一個律師執照，但是由十二人組成的法院聯盟決定在萊辛頓將不再招收任何律師了。克萊要求進行考試以證明自己是最佳人選。就如驗屍官所說，黑刺莓叢般的布拉克斯通同意給他個機會，實際上，是刻意讓他嘗嘗苛刻嚴厲的考試的滋味，叫他知難而退，心甘情願去當一個農場工人。

眾多的問題撲面而來，考官們極力地想嚇唬這個不知天高地厚的年輕人，讓他不知所措。但是，當萊辛頓那些賢明的法院長者向十步外的蒼蠅吐了口痰後，作了一個簡短的評注：「哦，天哪！沒必要再折磨這個男孩了──他像我們一樣適合做著一行，也許更適合！」

就這樣，他通過了，成為萊辛頓法院的一名律師。

最初看來，他獲得了成功。他的到來增強了費耶特縣法院的氣氛，讓那些年老的平易近人的成員感到要時不時的看看他們的桂冠是不是還在適合他們的位子。

當他三十歲的時候，肯塔基州的立法機關挑選他為美利堅聯邦的參議員。任期滿後，他選擇去了美國國會，很有可能是因為在那裡他可以更好的進行演講和實行領導能力。他一出現在議員席就被任命為議長。由於他是個十足的美國人，所以他有一條很早就提出的建議就是要實現所有議會成員的一切穿戴必須都是生產於美利堅合眾國的產品。哈姆弗瑞·馬歇爾譏笑

這個建議並指責他為蠱惑民心的政客，這樣一來，他實際上是直接挑起了與克萊的正面衝突。克萊毫不示弱地拿起槍射穿了他那件英國製造的上等黑呢面料的外套，而後，他們便握手言和了。

當他擔任國會議員的任期滿後，他又一次去了參議院，並在那裡服務了兩年。然後，他回到議院。透過他的影響，他的個人的影響，我們向大不列顛發起挑戰，就如他曾經挑戰馬歇爾一樣。

英格蘭接受了這次挑戰，我們稱之為西元 1812 年戰爭。

很多次，的的確確，我們聽到這位來自鄉村的政治家在 7 月 4 日慶典這天大聲呼喊：「我們打敗過英格蘭兩次，我們還將再次打敗它！」

我們曾經戰勝過英格蘭，那麼我們就有可能再次勝利，但在西元 1812 年的戰爭中英格蘭讓我們慘敗過。亨利‧克萊使整個國家陷入戰爭之中以對不可避免的損失作出補償，可身為和平大使的他又出爾反爾的退出戰爭，那些要做補償的承諾又變成一句空話。

和平條約宣告已簽訂，也意味著「戰爭結束了」。那個好戰的愛爾蘭人，安德魯‧傑克遜愛爾蘭人般的在紐奧良將英格蘭打得鼻青臉腫，幸運的是這成了整件意見相左事情唯一沒讓整個民族蒙羞的光輝點。

如果英格蘭沒有讓拿破崙在那特殊的時刻插手進來，威靈頓恐怕就會「拜訪」美國了，並給我們帶一個滑鐵盧來。這些歷史事件，以及這個日不落帝國的世界資產在大不列顛學校的歷史教科書上都有詳細的介紹。

但在亨利‧克萊將我們捲入戰爭之際，他的外交手腕又將我們拖出戰爭的泥潭。這是一份沒有尊嚴的和平，克萊的顯赫名聲似乎並不符實。事實上，和平一詞含義模棱兩可，美國國會給世界人民的解釋是勝利，但歷史的真相是和平早就遺失在傑克遜那些毛瑟槍裡冒出並繚繞在棉花堆上的團團升騰的黑煙裡了。

後來，在克萊與傑克遜的總統競選中，他發現和平英雄根本比不上戰爭英雄在人們心目中的位置。傑克遜的能力不及克萊的十分之一，儘管如此，克萊還是在競選中一敗塗地。「和平就是勝利！」──是的，但是廣大的投票者並不知道這一點。那個能得到總統選舉絕對制勝的大多數票選唯一的人是戰爭英雄。卑微的人有時不得不向別人低頭，但受歡迎的外交家不會這樣，永遠都不會。這些受歡迎的人，像克萊、西華德和布萊爾，他們的命運都是一樣的。當我們認為對行動英雄的歌頌和對精神英雄的忽視是一種不可扭轉的趨勢時，我們也許會對保爾‧裡維爾取代約翰‧亞當斯而成為美國第二任總統一事感到迷惑不解。

克萊是一位最具雄辯能力的辯護律師。他行事的優雅，言

辭的華美和他極度認真的本性總是能說服他人改變想法。

　　儘管如此，有時候還是會有懸而未決的質疑，他最好的引言能鼓舞人心嗎？有關他上訴的統計是對他內心意識的一個紀錄嗎？但他是一個能力與個性兼具的人。他是個天然的領導者，與其他所謂的政客不同，他總是靠自己所在的城鎮和地區的支援壓倒大眾。大家都應該記得民眾對亨利‧克萊不滿的最初原因就是他提倡廢除奴隸制。

　　那些最了解他的人都會深深地愛他，確實是這樣，自他開始在萊辛頓從事法律事務以來，從幾乎 21 歲未滿，到 75 歲，再到他拖著疲憊不堪的身體回家休息 —— 長眠不醒時，一直都是如此。

　　當他逝世的消息傳來時，萊辛頓的所有事務，還有幾乎肯塔基的一切工作都停止了。甚至農民也輟耕，許多私人公司也停工，所有的人都陷入了沉痛的哀悼之中。不計其數的教堂為他舉行追悼儀式，所有的時間都用來對他進行默哀緬懷，所有地方的人都念叨：「我們再也見不到像他那樣的人了。」

　　在我拜訪萊辛頓以前，我的侄女，小艾蜜莉，常常按時給當時住在肯塔基的我寫信，要求我無論如何都不要對亨利‧克萊的個性作出任何批評。如果我一時魯莽將他微不足道的缺點與他人作比較，我恐怕就得作好迎戰的準備了。

　　不容質疑，對肯塔基人來說，他是美國有史以來最偉大的政治家，這是鐵一樣的事實，如果有誰對此有異議就會被認為

不正直或精神不健全。在肯塔基人的心中，他是一個理想化的人物，一個完美的男人，一個所有年輕人都崇拜的偶像，也成了衡量其他所有政治家的標準。

絕對的成功會將個人與他的同伴孤立開來，但苦難讓我們所有的人親如一家。因此，南方所有的人都愛戴亨利·克萊。

他得到如此多的擁戴，以至於被神話化了。這樣一來，大家所了解的那個真正的克萊便消失在雲霧中了。他的驚世盛名，頌揚他的歌謠，有關他的傳奇，將他塑造成了奇蹟般的神靈。對絕大多數的南方人們而言，他特例獨行，與眾不同，就如赫克托爾或阿基里斯一樣。

和我的侄女，小艾蜜莉一起時，我總是非常的率直 —— 在這個功利主義的世界上，你很難找到幾個誠實可信坦誠相待的朋友，這是事實。我們直言不諱地表達自己的意見以至於我們常常會有短暫的小爭吵。因此我向艾蜜莉解釋我在這裡所描述的一切，都是為了讓一個真實的亨利·克萊能夠呈現在大家的眼前，而不是消失在迷霧裡。

她斷然地反駁我：「愛一個人並不會失去他 —— 你永遠不會失去他除非你漠視他的存在或是憎恨他。」我開始解釋，但也只有是：「這就是意味著失去他。」我們的談話因貝利克斯將軍的不期而至而中斷，他帶著我們坐上兩匹千里良駒拉的馬車，我確信馬匹都是溫和的訓練有素的。

在萊辛頓，我們從來不用這個普通的名詞 —— 馬。當我

們提到馬時會明確的說母馬，公馬；四歲大小的馬是還處於嬰幼兒的斷奶期。認為快步馬血統純正其實就是在縱容歧視，而將獨輪車與單腿步行者混為一談成了退步的證明。這差不多和大舞廳或吵雜的馬廄的規則相吻合。在肯塔基，人們都誦讀裡查德的著名詩句：「鞍匠！鞍匠！我的王國因鞍匠而在！」但在我稱讚貝利克斯將軍的良駒時發現牠們四處奔走根本沒有烙上馬蹄，也沒有馬鞍，而且將軍從不用眼罩，這消除了等級的隔閡，我們之間好像親兄弟般。然後，我小心翼翼地談論到亨利·克萊，將軍使我確信在他看來亨利·克萊家的馬甚至比喬治·威爾克斯家的要優秀。肯定的是，威爾克斯的馬擁有一切配備，但克萊家的頭腦聰明，活力四射，牠們從不後退或停滯不前。反而，對於威爾克斯家的來說，總是需要用馬鞭激策一下促使其前進，或是用上轡頭等管制牠們。

　　我捏了下艾蜜莉藏在齊膝外套中的手，問她是不是所有的肯塔基人都相信生命輪迴。「短暫旅程，陸軍上校在開你的玩笑，將軍，」小艾蜜莉說：「上校是在談論人，而你卻在討論快步馬！」

　　之後我表示道歉，但將軍說應該道歉的是他。為了展現自己的誠懇，他掀開馬車坐墊，拿出一盒貨真價實的亨利·克萊最愛的古巴雪茄。

　　嘲笑騎小馬的人是一件很愚蠢的事。曾經有一個人一輩子都騎著一匹小馬，這對他敵人來說是巨大的娛樂而對他妻子來

說確實一種恥辱。但當那個男人死後，人們發現那是匹真正的生命力強盛的小馬，是牠載著主人走過了千山萬水。

貝利克斯將軍衷愛馬匹，小艾蜜莉和我也都同他一樣衷愛馬匹。但小艾蜜莉和貝利克斯將軍了解歷史，熟悉政治，這在某種程度上使我在他倆面前看起來像幼稚園的小朋友；幸好，我發現了這一點，並且是在覺察到自己一個人不了解美國的政治歷史而其他人了解的這一天結束之前。

我們參觀了著名的克萊紀念碑，它是由政府修建而成的，幾乎耗資十萬美元。從未封蓋的正面透過格子窗可以看到地下墳墓，那裡安放著偉人的骨灰。然後，我們又觀看了公共廣場的約翰・布藍克瑞奇的雕像，還拜訪了各式各樣的古老衰敗的公館，那裡的房間破舊不堪，以往的居住者已經搬到棉花廠附近的長排的居民房去了。我們的火車已經發出啟動的呼嘯聲了，而我們距離火車站還有半裡路，但將軍說可以及時趕到的 —— 確實剛剛好。我向朋友們揮手告別，卻忘了對他們的友善表示感謝，儘管在我的心底深處，覺得這個六月的今天是我生命中非常珍貴難忘的一天。我相信他們也能感覺到我內心的謝意，因為他們機智幽默心靈純淨，如此的友善，如此的慷慨，心靈契合的我們，都能感受得到。

我回到家的時候，發現了一個等著我開啟的箱子，上面印有肯塔基，萊辛頓的顯著代表。打開盒子時，我看到 6 瓶「亨利・克萊 —— 1818」的名貴酒，還附有一張寫滿了小艾蜜莉和

貝利克斯將軍祝福語的小卡片。盒子的外面清晰整齊的印著「薩克萊，福爾街，十四號，半杜羊皮」。我不知道為什麼這個盒子要特別標注，但是我猜想這是為了尊重喜好文學的我。我走出去，對著杜羊角吹了四口快樂的氣息，於是，腓力士人聚攏來了。

# 第十章
## 約翰・傑伊

John Jay，西元 1745 ～ 1829，美國政治家、革命家、外交家和法學家。他與班傑明・富蘭克林和約翰・亞當斯一同出使法國。與亞歷山大・漢彌爾頓和詹姆斯・麥迪森一起撰寫了《聯邦黨人文集》。他還曾任美國最高法院法官，從西元 1789 年到西元 1794 年出任美國司法部部長。

平靜的歇息和未受干擾的退休幸福比和平看上去離英國更遙遠。這讓我感到榮幸，不管怎樣，該審視此時期的日子來臨了。我們應該成為一個更有秩序的國家的公民，我們這些年堅持不懈為了自己和子孫後代的利益，在令人生厭的事情上的所有耗費，是無法避免，無法悔恨的。一切都會好起來的，這些國家都將重振雄風，繼續繁榮昌盛。

—— 約翰‧傑伊

卡萊爾宣稱，美國應該分外地感到偉大的路易士的仁慈寬厚，因為他將胡格諾派教徒驅逐出法國境內。法國丟失的，美國獲得了。君主專制與暴政總是將最優秀的人從國家趕走：那些有能力的思考者，有勇氣的行動者，他們與生俱來的驕傲不容強制。

這些都是農場主和農民及平凡的人的美德，他們做著世界上需要完成的最普通的工作，奉獻著自己努力勞動的血汗成果。從很大的程度上來講，所謂的社會是由那些靠依附和吸取其他勤懇就業的勞動者的血汗而存活的寄生者組成的。

如果你閱讀過史書就會知道那些安靜做著自己的工作的人總是會受到花言巧語的誘惑，被別人威脅，遭到排擠，當他們有任何關於自己利益的獨立想法時就會被判定為有罪，得到的懲罰便是流放。更進一步來講，當你閱讀關於民族存亡與變遷的故事時，你將看到周而復始的衰敗，這都是因為那些社會寄生蟲的龐大的數目以及他們對自己假定的權利的一味炫耀。

這些人們在美國經常見到的現象，對農民的鄙視，對那些穿著工作服成天與桶桶罐罐打交道的人的權利的漠視，都是些象徵著將會瓦解社會的細菌滋長的凶兆。如果美利堅合眾國像迦太基、雅典和羅馬那樣成為了歷史的記憶，漸漸地如義大利，西班牙或法國般進入衰退的老齡社會，社會中個人的審問和判決失去了律師的辯護，這都是因為我們的善忘 —— 對歷史教訓的善忘！

從道德和一般觀點看來，胡格諾教徒與清教徒是一樣的。然而不同的是，胡格諾教徒多了點額外的美德 —— 類似於法國人對藝術的鍾愛。由於他們優秀的習性和對真實的忠誠，就如他們自己所看到的，他們為美利堅合眾國的繁榮昌盛及本土文化的形成做出了卓越的貢獻。

革命時期能對美國國會的審議進行干涉的七位首席長官中，有三位是胡格諾教徒出身：勞倫斯、鮑迪諾特和傑伊。約翰·傑伊是名典型的胡格諾教徒，正如塞謬爾·亞當斯是名典型的清教徒一樣。他的生活中不存在任何浪漫的魅力。嚴厲苛刻，勤學用功及堅定不移的正直公正，約翰·傑伊的這些自身的美德幫助他順利的取得了德高望重的最高職位。有能力的優秀人才在哪裡都是必不可少的力量。這個世界現在比以前更需要他們。我們有萬千過剩的聰明人才，但對那些值得信任的誠實可靠的人依然極度的需求。

傑伊的生活大大地證明了那個常常聽到的關於年輕人擁有

惡魔孟菲斯特的勇猛很難能可貴的神話是錯誤的。約翰‧傑伊既不超前早熟也沒惡劣特質。更令人歡喜的事實是他不是個花花公子，而是個簡簡單單，善良健康的小夥子，常醉心於閱讀，探求新知識，喜歡鑽研事情。

他的父親是一位精明能幹的成功商人，在紐約做過生意，後舉家喬遷到名叫瑞的一個小山村，因為鄉村的生活簡單淳樸，開銷也會小些。皮特‧傑伊證明了他的常識是正確的。

皮特‧傑伊將自己所有的信函都額外拷貝了一份，現在我們手裡的這些拷貝書信集展示了他是怎樣的一個人。他信仰宗教並且很虔誠，對所有的細小事物都一絲不苟。我們可以從書信中讀到，他曾經從英國訂購《聖經》，「還有教堂神職人員的六樣雜物」，據說其中有一條長長的黏土煙斗，「會發散出怡人的香味，不會刺激到舌頭」。曾經有一次他還訂購了一箱子的茶葉，但不久又取消了訂單，做這個決定是由於「我們全家不飲茶，因為如果要用我們家附近的天然純淨的泉水就得上繳卑鄙無恥的稅款。」這些都表示一個嚴肅認真的人同樣也能很風趣幽默。

在傑伊的全家搬遷到瑞的時候，他還是個小嬰兒，差不多才一歲大。他是家裡的第八個孩子，長大一點時就由哥哥姐姐們教他學習。他和全家人在農場生活，同甘共苦 —— 冬天去學校念書，夏天辛勤地勞作，每個星期天都去教堂聆聽長長的禱告詞。

我們在皮特·傑伊的書信集中發現他寫過這樣一些話：「約翰是我們孩子中最聰明的一個。我們對他抱了極大的希望，並認為送他去接受成為一名牧師的教育將是非常明智的。」那時為了讓男孩們受到良好的教育，父母總會將他們送到一些知識淵博者的家中居住。約翰12歲那年就被送去新若挈勒的一名牧師家中，胡格諾教徒的定居點。這個牧師是個胡格諾教徒，他的家裡只講法語。傑伊很快學會了這門語言，他也因此受益匪淺。

　　那位像極了大熊座的塞謬爾·鐘斯博士那時是學院的校長。他同樣任教。因為那裡只有30個學生，所以他包攬了很多的教學任務。詹森博士正如他名字一樣，真摯地熱愛所有的優秀書籍，他給學生上數學課時總會忘記要講的題目，於是便背誦歐西安的名篇來代替。傑伊也因此受到薰陶，對書籍的狂熱不是一時的衝動而變成了一種根深蒂固的習性。我們可以從事實中看出。

　　在詹森博士的教導下，傑伊開始練習並獲得了寫作精煉扼要句子的能力，也因此他贏得了進入紐約文學世界的許可證，那裡的權威可是迪金遜和威廉·里溫斯頓。

　　里溫斯頓邀請這個男生去自己家作客，不久我們便發覺這個年輕人會不請自來，因為里溫斯頓有個與約翰年齡相仿的女兒，並且也喜歡歐西安，至少傳言是這樣的。

　　這並不是一則愛情故事，因此也沒有必要吊溫文爾雅的讀者們的胃口。所以我在這裡進行說明，幾年後約翰和這個姑娘

結婚了，他們的婚姻生活幸福美滿。

約翰在國王學院學習兩年後，我們在他父親褪色發黃的書信集中發現了對約翰的學業這樣一句總結的話：「我們的約翰在學院做得非常出色。他看上去靜如處子，專心致志的求學。但比起學習成為牧師的知識，他更熱衷於法律。」

約翰森博士的繼任者是邁列斯‧庫柏，牛津大學畢業，以前經常穿著他的教士服戴著學位帽出現在百老匯。在年輕的傑伊身上沒有流淌一滴大不列顛的血液。在他八位偉大的祖父祖母及外祖父外祖母中，五位是法蘭西人，三位是荷蘭人。事實上，他曾在牛津學生出席的場合暗示過，並向年輕人解釋道，如果這種出生是事實，那麼也應該好好的隱藏起來。

亞歷山大‧漢彌爾頓和庫柏博士相處的非常融洽，但約翰‧傑伊在畢業之前不久決定回去過鄉村生活。幾年後，庫柏博士匆匆忙忙地翻過後院的籬笆，將他的一件教士袍掛在了籬笆牆的尖木條上，而那時，前門的亞歷山大‧漢彌爾頓正陷入遭到一群輝格黨的烏合之眾的圍攻的危險之中。

庫柏很快地坐船去了英格蘭，當輪船開過紐約灣海峽的時候，他用古典拉丁文詛咒「這個該死的國家」。

「英格蘭對他而言是個不錯的地方，」約翰‧傑伊簡練地總結道。

倘若傑伊想成為一名律師，那麼在那個時候成為律師的唯

一一條出路就是在律師事務所工作。對所有已穩定的律師來說，他們可觀的收入來源就是從他們納入的最具有布拉克斯通才能的年輕人身上獲得。如果一個律師的名氣越大，那麼他在自己所收納的弟子身上的花費也就會越多。

那個時候還沒有印刷機器，因此事務所最簡單的工作就是將一天的資料全部抄寫好，光這些工作就足以讓學徒們忙得焦頭爛額了。除了這些，他們還要照顧師傅的馬匹，給他的靴子上油打光，整理辦公室以及到處跑腿。在這種學徒生涯的第三年，如果一切順利的話，這些年輕人就能適當的被安排出庭。然後會有一個非常嚴格的考試，不合格者將會被淘汰掉。但是一位德高望重的資深律師的提攜同樣可以幫助你通過考核成為一名律師。因為所有的人都知道，如果今天反對一位資深律師的話，明天你恐怕就會成為被反對的對象。

我們發現，從某種程度上講正是這種挑選學生的體系，在西元 1768 年紐約的律師們對「該省的如洪流般的年輕律師」感到恐慌。一些措施馬上實施，所有的資深律師都無一例外地同意同時減少他們事務所的學徒數量，最多不超過兩個。幾乎也是同一時期，波士頓名為「塞提納」的報刊報導在波士頓也同樣出現了這種生產過剩的現象。主要是針對醫生這個行業，同樣的醫生的考核那時變得鬆散，他們總是從當初入學跟著的年老的醫生那裡學習知識，再學成後畢業，取得文憑。

眾所周知，法律學校和醫科學院相對而言是比較現代化的

機構，雖然不如經濟學院那麼新潮，但也幾乎成為大眾所趨的接受高等教育的地方。如今在芝加哥，有一座「理髮師大學」，專門給能靈活使用刮鬍刀和大剪刀的人頒發證書，然而，直到昨天男生們要想成為理髮師還得去理髮店工作。這傳統而適用的方法使得一種行業得以代代相傳。

仍然還是這樣，一個人要想得到允許出庭做律師或行醫看病，他必須先得在事務所學習一段時間並且等到表現優良的時候才能去實踐。

在天主教教堂，英國國會教堂也是如此，初學者都必須先做老神職人員跟班，並且要做不短的一段時間；還要和其他任何宗教派別脫離關係，重新給這些新人灌輸所學的一切。

皮特‧傑伊的其他幾個孩子讓他極度的失望，因此他似乎將自己所有的遠大抱負都寄託在了約翰的身上。所有我們發現他為了能讓約翰成為班傑明‧可斯曼這位聲明卓著的律師的學徒，心甘情願地掏出那時相當於殖民地錢幣價值兩百磅的積蓄，作為五年學徒生涯的學費。約翰去了那裡，開始抄寫沒完沒了囉囉嗦嗦卻能讓老律師們高興的檔案。約翰坐在一張桌子的末端，而另一端坐著的是林黎‧莫雷 —— 這是個讓人驚恐萬分的名字。

莫雷寫過一些優美像樣的英文文章，甚至還曾影響了年輕的傑伊。莫雷具有一種傾向與能力可以全神貫注於手頭的工作。「他以前常常一心一意的工作，不管老闆在辦公室或是離開了，

他都同樣不苟的工作。」正因為如此，這位文法家還被認為是個怪人。

大概一年的時間，一次可斯曼先生離開時，他將保險櫃的鑰匙放到約翰‧傑伊的手中，並囑咐他萬一有什麼緊急情況該採取的措施。責任總是找到能勝任的人去承擔，只有值得相信的人別人才會去相信他。

正是因為在可斯曼的事務所，傑伊才養成了沉默寡言鎮定自若的習慣，並且還成為他一輩子都無法改變的個性，也正因此，他才得以在後來的很多重要時刻一字千斤。他從不倉促地說出個人觀點，也不信口開河，更不會在沒有任何依據的情況下作出感性的評斷。

他的同事總是比他年長很多。在「牧特俱樂部」，他總是常常和詹姆斯‧帝安尼在一塊，那可是紐約第一任大陸市長；還有莫里斯總督，那時他還沒有裝上那只曾被他扯下在巴黎民眾面前興高采烈地舞動的木頭假肢；以及塞謬爾‧鐘斯，曾收德‧威特‧克林頓為徒並將他訓練成強者。

在他的學徒生涯結束之前，約翰‧傑伊，這個溫文爾雅，謙遜樸實，沉默寡言的男生，已經成為小有名氣的可靠而稱職的律師 —— 可斯曼功不可沒，他一直都很提拔傑伊，給他各種相關機會出庭處理紛繁複雜的案子。

此時，若干箱茶葉從遠洋渡輪上卸到波士頓港灣，同樣的，紐約的摩和克人也做著這些交易。大不列顛政府的鎮壓讓

許多保守黨人冷了心，英格蘭的貪婪豪奪促使這些保守黨人轉而變成了輝格黨人。傑伊便是其中之一，他透過各種途徑為殖民地的發展辯護，利用報紙和小冊子傳播言論，在講臺上演講，甚至用具體的反抗行動來表達自己的願望，任何恐嚇只是加強了他重聲所表述過的真實思想的勇氣。

他的言辭使約翰・傑伊這個名字廣為人知。某一個風和日麗的好天氣裡，他被任命出席在費城舉行的殖民地第一屆國會。

西元 1774 年，8 月，他離開了紐約的事務所，讓祕書代管所有事項，自己騎著馬直奔伊莉莎白鎮，在那裡與他的岳父大人會合，再一齊出發去費城。半路上，他們遇見了那個一直記著日記的約翰・亞當斯。那晚，在他們留宿的客棧，這位眼神銳利的美國佬記錄下所碰到的新朋友的這一事實：「傑伊先生是位年輕的紳士，從事法律工作……斯格特先生稱他是個勤奮好學的學生和善於言辭的演說家。」

他們橫跨美國大陸來到特倫頓，順著德拉威爾河而下抵達費城。他們一路遊玩，還小心翼翼地共同探討重大時事。塞謬爾・亞當斯也參加了這次會議，與傑伊相似，他平時同樣沉默寡言。傑伊那時 29 歲，塞謬爾・亞當斯 52 歲，但年齡不是問題，他們成了好朋友。塞謬爾曾經淡定地對約翰亞當斯說：「傑伊這個人雖年紀輕輕，但思想很成熟。」

傑伊是美國國會中最年輕的一員，一直都是。

當第二次大陸會議召開時，傑伊再次成為代表。他為一些

重要的委員會服務，擬定面向全英格蘭人民的致辭；但是在這最至高無上的宣言創作完成前，他又被喚回紐約，這也是偶然的，《獨立宣言》因此沒有約翰‧傑伊的署名。

西元 1778 年，傑伊票勝另一位胡格諾教徒 —— 勞倫斯，當選為美國大陸國會的總統。接下來的一年裡，他被選派對西班牙進行國事訪問，確保兩國友好關係。

但西班牙政府對他的接待非常的冷淡。他在馬德里度過了為期兩年的不堪回首的法庭生活，此後一旦此事再度被提及，他的臉上總是顯露出一抹冷酷的笑容。

西班牙的外交政策狡猾而虛偽，沒有可信性。它所做的承諾，看上去是真的，但其實自己常常又違背。傑伊的努力只獲得了一部分成功，然而，他開始懂得西班牙語，開始了解這個國家和她的人民。從某種程度上講，他獲得的知識對美國而言意義非凡。

直至西元 1781 年，英格蘭政府開始意識到迫使殖民地絕對的順從已經成為一項比她預想要艱巨得多的任務，勝利的戰報接二連三地如期傳到「母國」，但是伴隨著這些喜悅的消息是對更多軍隊力量的需求，以及對戰艦與武器的需求。

美國的武裝力量的戰鬥讓敵方難以琢磨。他們會發起突然的襲擊，但第二天又馬上撤離；夜間偷襲和側面攻擊也是常用戰術，總之，具有極大的迷惑力。他們時而分散，時而聚合 —— 上帝才知道他們究竟處於什麼位置。康瓦爾里斯勳爵曾

寫信給國家祕書部：「如果能在公平的戰鬥中和敵軍對壘交戰，我可以將他們輕而一舉地擊敗。」他似乎認為戰爭是「不公平」的，忘記那老掉牙的關於愛情和戰爭的寓言吧！戰爭就是如此。

最後，康瓦爾里斯得到了他夢寐以求的公平戰鬥。他那時正處於防守狀態。戰鬥短暫而激烈：亞歷山大‧漢彌爾頓帶領美軍，十分鐘一舉奪下康瓦爾里斯守護的陣地，插上了迎風飄揚的星條旗。

那晚，約翰‧傑伊成了華盛頓的「客人」，第二天還受到了宴請。

此時他被迫向國家祕書部寫道：「我們遇見了敵軍，現在，我們處於敵軍陣營。」當然，他的描述並不確切。後來，喬治國王表示願意協商，和平解決問題。

美國委派富蘭克林、約翰‧亞當斯、勞倫斯、傑伊和傑弗遜擔任和平大使。

傑弗遜不願離開他身體狀況惡化的妻子。亞當斯正在海牙解決一項緊急貸款問題。勞倫斯身為外交大使被派遣前往荷蘭，他的船遇上了大不列顛戰爭狂人，需要徹底檢修，他本人安全地待在那個歷史地點，倫敦大塔。

因此，只有傑伊和富蘭克林會見英國大使。傑伊向他們陳述了和平條件。

幾週後，亞當斯至此，仍然繼續寫著他的日記。日記中寫

道：「法國人叫我華盛頓的談判專使 —— 實際上多麼的富有恭維吹捧之意，對與談判，我可沒有任何權利。但，我誠懇地認為那是傑伊先生的專屬權利。」

西元 1784 年 5 月，傑伊辭去在巴黎的職務，回到闊別八年的國家。當他抵達紐約的時候，受到了熱情的歡迎。凱旋之門在百老匯高高聳起，街上的房屋和商店裝飾上了五顏六色的彩旗，天空中禮花鳴放，勝利的鐘聲不斷敲響。這個城市的「自由」被裝在一個金色的盒子裡呈現到他眼前，洋溢著讚譽的華美之辭大大的寫在仿羊皮紙上 —— 數百公民代表集體簽名。

傑伊只在紐約待了一天，然後騎上馬背去西賈斯特郡的瑞恩，去那裡的老農場看望他的父親。那晚，那裡的山村教堂正舉行個感恩招待會，散會後，村民重修了傑氏公館，傳說中的那麼高，八十英尺長。人們輕輕敲打著一桶蘋果汁，一群教堂的守護人打著自由的火把四處巡遊。

約翰・傑伊站在前廊上，作了一次只有五分鐘長的簡單演講，說他很高興能回到故鄉再次與父老鄉親為鄰，覺得離開公眾生活是正確的選擇。但是他拒絕談論自己在歐洲的一切經歷。雖然他沉默寡言，但友善的老皮特・傑伊進行了補充，他向人們保證約翰・傑伊是美國的第一公民；這樣的敘述得到了山村牧師的肯定與支持，這樣一來，積聚在一起的民眾沒有任何人再有異議。

令人好奇百倍 (或許並不是什麼好奇的事，我不是很確定)

的是有多少政治家能在他們的生涯中幾次離開公眾生活，像第一夫人那樣進行永別的旅遊。已經厭倦了向被稱為阿瑞斯泰德的正直人們學習的子孫後代不計其數。當然，說那些期望感激的人並不值得這樣對待是件很容易的事情。但事情的真相仍然是那些了解事實的人們依舊會遭到無中生有的流言誹語的惡意中傷。

對傑伊的尊重之情很大程度上幫助壓制和消除了漫天瀰漫的咆哮不平與騷動不安。很多人認為為換來的和平付出了可怕的代價，傑伊已經向王權屈從，在制定條款時忽略甚至愚弄了人們對友好關係的憧憬。

現在，傑伊回來了，回到了他的家和農場，回歸寧靜與祥和。漫長而艱苦的戰鬥終於贏了，美國自由了。整整八年，他勞心勞力，努力奮鬥，詳細策劃，很多的目標都完成了 —— 雖不是他希望中的所有，但已經很多。

他已經為國家鞠躬盡瘁，他自己的事務一塌糊塗，美國國會給他的報酬微乎其微，現在他將結束自己的公眾生涯返璞歸真，過屬於自己的生活。

人們都希望在自己的一生中到達這些他們可以如此說的地方：「這裡，我們將建造三座禮拜堂」；但衝破沉默的命令性聲音響起，「起來，從此走開，這裡不是你安息的處所。」

如今，戰爭結束了，和平時代拉開了序幕；但戰爭給一個國家留下的是一遍狼籍。緩慢而漫長的民族重建和修復工作緊

隨其後。美國是獨立了，但是，她仍然不得不去贏取她必須忍受的文明世界的認同。

傑伊被華盛頓再三邀請接受外交事務國家祕書的職位，這可是誠待填補的最重要的職務之一。

他接受了，盡心盡職的在這一職位上奉獻了五年。

繼而是美國聯邦憲法的制定和選舉華盛頓為美利堅合眾國的總統。

華盛頓在給傑伊的信中寫道：「必須要有一個法院，永久無限和至高無上的法院，可以解決所有的內部紛爭的問題，無論是各州之間還是國內人們之間的問題。這個法院要在行政部門之上，高於任何各州，與任何政黨分離，完全獨立。你必須是行政部門的首席長官。」

傑伊，如所有學校的人知道的那樣，成為美利堅合眾國終極法院的首席法官。因為他的明智、威嚴，對人的了解，對秩序和正直的熱愛，他維持著這個高高在上的地方，竭盡所能的維持著，當終極法院的裁決遭到州或人民的質疑，民眾認為我們的政府組織只是一張交織著混亂和瘋狂的蜘蛛網時，傑伊仍殫精竭慮地履行自己的職責。

西元 1794 年，與大不列顛之間的嚴重的棘手的糾紛發生了，這源於 11 年前在巴黎關於和平重建的問題。

必須有人前往大不列顛去制定一個新的條約，以保持我們

的尊嚴和將我們從另外一場戰爭中解脫出來。

富蘭克林死了，亞當斯身為副總統無法脫身，漢彌爾頓的爆脾氣太危險了 —— 再也找不到有比傑伊更適合擔任完成此項挑戰性使命的人選了。

傑伊，自我為中心、冷靜、言少，但他順從華盛頓的意願，辭去職務，開始啟程，他有權力對一切事情作出自己的判斷，並得到保證任何自己所簽定的條約都將獲得批准。

此條約提供戰爭中對美國公民私人船隻損失的賠償，在這項協定下，美利堅合眾國的公民獲得超過一千萬的美元的資金。

透過這筆資金，緬因州和加拿大之間的邊界線被修復了，為西方的投降者提供了不列顛的職務。兩國不得在自己的領土範圍之內以其他民族間戰爭為由任意徵兵；對投降的逃亡者以謀殺罪或偽造文書罪進行逮捕；制定明確的條款以應對形形色色的細微但無一例外不容忽視的問題。

當這些條款在美國公布於眾之時，迎接這一條約的是一場反對的風暴。傑伊被指責以美國的人權進行交換。由於傑伊堅持不道歉，憤怒的集會即刻召開，要求對這樣那樣的一切進行大數目的賠償。

儘管如此，華盛頓承認了此條約。當傑伊抵達美國時，對他再次回家的充滿了真誠和大度的問候之辭不斷。

事實上，他不在的時候，朋友們已經私下推薦他為紐約的

州長。他的此項職務的選舉在他抵達的兩天前就進行了。所以在他登上國家大陸的那一刻已經被「傑伊州長」的歡呼聲弄迷糊了。

當他的任期滿後他又被重新選舉任職，因此他總共擔任州長的時間是 6 年。在此期間，實施的最重要的措施就是在紐約州廢除奴隸制，這一措施他精力充沛地堅持了 20 年之久，但直到他利用州長的實權將該措施通過立法機構實施，奴隸制的廢除才具有可行性。

從約翰·亞當斯與約翰·傑伊騎著馬兒在紐澤西的收稅路遇見時到現在，已經流逝了四分之一個世紀的時間。他們親密無間的關係一直保存著，他們之間的大小事宜如那些重大時事樣的吸引著人們的注意力，但他們之間從未發生任何嫉妒爭吵的小事。他們是朋友。

在傑伊的州長任職期快結束的時候，總統亞當斯提名他為首席大法官，填補奧利弗·艾爾斯沃斯辭職的空白。參議院全體一致認可該提名，但傑伊拒絕接受此職務。

他為他的國家服務了整整 28 年了 —— 並且是在最艱難的時刻報效國家。從年齡上講，他還不算一個老人，但是繁重工作的壓力，給人帶來的焦慮已影響到他的身體健康，年輕時所有的恢復力已經從他大腦裡消失了。他知道這些，害怕繼續勞累會帶來的危險。「我已經做了自己能完成的最好的工作，」他說，「如果我繼續工作恐怕做不到以前完成的那麼好了。我應該

好好地休息一下了。」

　　他退休後，來到祖先留下來的在西賈斯特郡的貝德福德的農場，享受他的休閒時光。一年後他妻子死了，這對他原本已脆弱的神經又是一記沉重的打擊。

　　「他沉默寡言的習慣與日俱增，」一位作者寫道：「直到後來他甚至連談論天氣的興趣都沒了。」

　　因此，他過著遠離塵世的隱者的生活，執迷於一些農場的瑣事如「種西瓜啊，羊群跳不過籬笆啊之類的」。他用自己的雙手工作，穿著藍色的牛仔褲，給每個鎮的選舉投票，但很大程度上他只生活在對過去的回憶中。他的餘下生命裡全是教堂的事宜，鄉村的政治和農場的生活。

　　他的身體健康得到了很大的改善，但是政治才能留給了別人。

　　他篤信宗教的本性顯現在各式各樣的慈善活動中，他所建立的聖經社會至今還存在。這些事情為他拒絕休息的不知疲倦的大腦提供了健康有益的鍛鍊。

　　他的女兒們為他營造了完美的家庭生活，她們的愛和溫柔陪伴他安度晚年。

　　他死的時候很安詳，那時是秋天 ── 冬天的信使，正是個收穫的季節。

　　沒有任何人聲稱過傑伊是個天才。他確實具有某些過人之

處，但是，從他生活中大部分事件看來，都是很平常實際的。在他的智慧中，缺少漢彌爾頓的敏銳，沒有傑弗遜那樣的創造才能，也不像富蘭克林般博大精深。

他是一個普通人，受過一定的訓練和教育盡自己所有的能力抓住每一次機會。他真實坦誠，正直公正；如果他沒有用自己的聰明才智讓朋友們吃驚過，那麼，他也不會口是心非地讓他們失望。

他從不做他無法兌現的承諾；也不會給人無法實現的希望。

身為一名外交家，他看上去近乎完美。我們都被教導過外交策略與不真實之間的分界線很模糊。但真實是很好的外交策略。在大部分的回答中，弄清對方的真實意圖比別的一切都重要。我在此不發表個人觀點，願意將事實留給努力揭露真相的人。

我們不能說傑伊很有魅力，因為有魅力的人總能贏得下層民眾的支持；但傑伊做得更出色 —— 他贏得了強者與有眼力者的信任和讚賞。他的行事方式溫文爾雅讓人愉快；他寡言少語，但身為一名聆聽者，他為外交學校的所有初學者樹立了榜樣。

善於言辭是種天賦，但善於聆聽更是一種精妙的藝術。如果我真的想贏得一個人的愛，我就得先練習學會聆聽。甚至愚鈍的人都能學會滔滔不絕只要身邊有鼓勵他並願意聆聽他的聽眾；要取悅一個人你就必須給他一個展示自己機智詼諧的機會。人們能取悅自己的時候往往能夠取悅身邊的朋友，當人們能很

好的表達自己的時候是最能取悅自己的時候。

在講座或說教時能產生共鳴的聆聽者唯一能讓自己的付費有所值。如果你想取得更好的效果，就讓自己與演說者產生共鳴；萬一你聽到了異教邪說，那麼就在回家的路上將它拋到九霄雲外。

在演說中，約翰・傑伊平靜而謹慎，並有所保留。在辯論中，他從不耗盡所有的能量，他最漂亮的戰役總是憑藉尚未爆發的力量取勝。「你最好讓你的『信貸』保持平衡，」他曾經對一位年輕的律師說。

當第一屆美國國會召開時，傑伊並不支持離開英格蘭完全獨立。他只是要求簡單的公正，說：「採取折中政策是最好的。」他聆聽約翰・亞當斯與派翠克・亨利的意見，淡定地與塞謬爾・亞當斯討論該事宜；但這在他了解那個毫無希望的愚蠢的喬治後，他改變了態度。完全分離取得獨立，是那個盲目愚蠢的大不列顛國會強逼殖民地進行的反抗。

爾後，他完全支持美國徹底脫離英國完全獨立。

在革命進行的最初的日子裡，紐約對獨立不是很堅定，波士頓也是如此。「國內的反對者才是我真正感到害怕的，」漢彌爾頓曾寫道。

首先進行平息和安撫反對者，然後贏得他們的支持並改變他們的立場，這便是約翰・傑伊的工作。當華盛頓在戰場上血

拚的時候，傑伊，用他不輟的筆耕，維持著事態的進程，他的演說和才能遏制了無政府狀態的混亂。

身為安全委員會的主席，他表示可以做一些比說話和寫字更多的事情。當保守黨人拒絕宣誓表示忠誠時，他不動聲色地寫下了禁錮或驅逐的命令。和朋友、敵人或親屬在一起時，他從不舉止輕浮，左右搖擺改變立場。他的心是他行動的起源 —— 是他的所有財產，他的生命。但這些喧囂的日子已遠遠離去了。

華盛頓戰敗於布魯克林後，日子變得灰暗起來，傑伊發表了面向公眾的演講 —— 成為重振美好而堅決的精神的希望和力量的經典演講。美國國會將此演說詞重印無數次，還廣播出來，並且用德文翻譯和印刷出來。

他的工作很偶然的自然而然的分成了三個相等的部分。28年的時間是他的青年與受教育時期；28 年的時間是他持續的為公眾服務的時期；還有 28 年的時間是他退休享受晚年的時期。

一位偉大的英國政治家提到，作為為美國獨立進程保持過秩序，維護了尊嚴，提供了穩定的環境，指引過方向的十位不朽的偉人之一的約翰·傑伊，他的名字將永載史冊。

# 第十一章
# 威廉·H·西華德

William H. Seward，西元 1801 ～ 1872，美國律師、地產經紀人、政治家。曾任美國國務卿和紐約州州長。其任內最大的功績是從沙俄頭上買下了俄屬北美，即今天的阿拉斯加州。西元 1860 年，他和林肯共同參加了美國總統的大選，是林肯的有力競爭者之一。由於其出色的才能，林肯贏得總統選舉獲勝後盡棄前嫌，邀請西華德出任國務卿。

我公開宣布我將義無反顧地維護聯邦政府、我的朋友、我的政黨、我的聯邦州，也將支持我所支持的；也許他們還在猶豫中，即使如此，我依然如故；無論是和平的年代還是戰火紛爭的時刻，無論一切的努力能得到至高無上的榮譽或結果會讓人感到恥辱，無論是生存還是死亡，我都不會改變自己的決定。

—— 威廉·H·西華德

　　當我還是小學的新生時，下午最後的練習總是單詞拼寫。高年級的學生在一條走廊上站成一排往下跑，蜷縮在火爐旁邊。我依稀還記得一個冬天，那時學校最大的男生絕大部分時間都站在班級的最後一排，而一排的最前頭或是比較靠前的地方，總站著一個滿臉雀斑的女生，她曾經在一次單詞拼寫比賽中甚至打敗過老師。這個女生大我十歲，我太小還不能與這種一流的選手進行比賽，但是我每天刻苦練習，努力與那些類如「unintentionally（無意的）」和「misunderstanding（誤解）」那樣的複雜單詞，就是希望有一天我也可以參加比賽並有可能站在這個美麗聰明的常對我微笑的女生身邊。我盤算著當我們站成一排時怎樣可以握住她的手，勇敢地面對隨身攜帶字典的老師的挑戰。我們兩個將成為全校最聰明的學者，並常常互相幫助。

　　但是，當時間將我推進那一佇列時，那個我曾幻想過的她已經不在那裡了，即使她還站在那裡，我也許也沒膽量握住她的手。

　　哦，我不能再跑離正題了 —— 我想要解釋的最特別的事情

是一天課間休息時那個最聰明的學者在哭泣，我便走過去問她怎麼了，她告訴我一些大女孩公開指責她 —— 我的美麗的雀斑女孩，戴著袖章的，無敵的她 —— 她贏得的全校第一的位置只是因為得到偏袒。

我感到異常憤怒，憎恨，幾乎想衝去打一架，忽然淚水奪眶而出，我們倆哭著抱成一團。

這些都是很久以前的事了。從那時起我去了很多地方，遇見了很多人，也讀了點歷史 —— 我希望能有點幫助。我學到的是：站在全班最前面的人（國家首腦或是總統候選人）總是成為那些既無法欣賞又無法理解的不友好的同時代人誹謗的目標。

不久前，我在紐約的奧本待了幾天。這個地方的名字是一些早期先訪者取的，他們是十九世紀時的一群年輕人，跋山涉水尋找彼岸，口袋裡還帶著本戈德史密斯的《荒涼山村》。

奧本是一座欣欣向榮的城市，有三萬住民。那裡的街道寬敞美麗，街道兩旁榆樹成排，形成了天然的拱廊。這裡有用來祈禱的教堂，大量的學校，還有大氣漂亮的住房。那時那裡有電車、電燈、發電機，人們只要眨一下眼就可以將其他人電死了。我見過處以極刑的電椅，也在上面試坐過，喜悅的專利獲得者告訴我這是有史以來發明的最快的結束生命的方法 —— 是阿諾·克瑞司蒂於西元 1895 年發明的。確實，我們住在一個只要輕輕地一按按鈕什麼都可以完成的時代。當我坐在電椅上時，我聽到一陣顫抖的大笑，還有粗壯的棍子沉重地敲打石頭

地面的響聲。

「當我還是個小男孩時，我們並沒有這樣的東西。」一個發抖的聲音說道。

新來的向我解釋，他是一位上個五月已滿了 87 歲的老人，他清楚地記得他們那個年代，一根簡單的橡樹枝和一條結實的繩子，對奧本來說就可以執行死刑了。「證明了比爾‐西華德沒有釋放那些傢伙，」我的新結識的朋友補充道。

過了一會兒，那個老人向我們說道他曾經是城牆上的衛兵，現在有個孫兒繼承了他的職業也成了一名衛兵。他回答我關於西華德的問題時說自己意識到西華德就像兄弟般的。「比爾，他是奧本最幸運的人 —— 他娶了一個有錢的老婆，要是他在街上走摔了也有錢袋子在下面墊著。他既不相信上帝也不相信惡魔，喜歡在人們面前自誇他知道所有的一切。我猜想，讓別人認為你知識豐富其實就是沒什麼見識！」這個老人哈哈大笑起來，用他的拐杖敲打起有回音的狹小牢房的地面。

這裡的聲音，這個地方，還有身邊的朋友，都讓我毛骨悚然。我給自己找了個藉口，繞了出來，經過全副武裝的衛兵，穿過鐵柵欄吱吱嘎嘎作響的門廊，成千的衛兵打開手中交和的鐵戟給我留出一條通道，通往一個更加自由更加美好的地方。當我經過一個懸著的拱門下時，一位全副武裝的戴著 Ｇ‧Ａ‧Ｇ‧徽章的衛兵變成了一把多餘的大鑰匙，我的心中不經意之間閃現一個哭泣的女生，將頭搭在課桌上不停啜泣著。我自言自語

道：「是的，是的！鄉村女孩或是政治家，都應該喝到苦味的一劑，這是向成功交的罰金 —— 這藥要喝到只剩渣滓為止。如果你想逃離精神和肉體的死亡，那就什麼都別做，什麼都別說，什麼都不是 —— 只是一味的默默無聞，因為只有湮滅於大眾之中才是最安全的。」

所有的惡事都如爛泥一樣難以洗掉，但是沒有什麼爛泥是永遠都洗不掉的。對西華德這個名字的中傷是最為持久的，遭到的惡意誹謗能在他家所在的小鎮長達半個世紀，或是在他效忠的這塊土地也是如此。在奧本民眾曾對他和他的家人表示出強烈的不滿；當時，西華德是林肯最得力的助手，而他的兒子們也在國家的最前線報效國家，而「燒了他的房子！燒了他的房子」的叫喊聲一直持續在他的妻子和女兒的耳畔，幾乎讓人抓狂。

但一切都過去了。實際上，關於曾經對西華德的誹謗的事情每一個奧本人都竭力否定，他們會驕傲地指向那棟他過去居住的美麗的老宅，告訴你他的兒子現在還住在那裡；他們還會帶領你，懷著無限崇拜的心情，去那個曾經屬於西華德的花園，那裡站立著一尊威嚴的銅像 —— 如今，這座花園已是人們的公共休閒場所了。

時光飛逝，轉瞬間已滄海桑田。在那座威廉·洛伊德·葛瑞森住過「老鼠洞」的城市，如波士頓的市長報導的那樣，現在公民大道樹立有象徵榮譽的葛瑞森的雕像。西華德兒子的敵人

心甘情願的捐獻美元來保護這永垂不朽的古銅製的「古典的臉龐和修長的體型」。

為了西華德之名及榮譽，也是為了奧本的輝煌，他們盡心盡力。

也許我錯了，但是看起來對於我來說對這世界的一切的擔憂似乎都是白費。關於農民寄於自己孩子身上的熱切希望（這不是愛），任何受到此影響的人類都會對此表示焦慮。當會笑的小孩子開始慢慢地挪步，口齒不清的咿呀時，他所表現出來的滿意是純粹的；由於他是這麼的弱小，不起眼，他表示自己的需求時就會很迫切無禮，於是所有的家庭成員都圍繞著這個小皇帝轉，並把這當作一種樂趣。漸漸的，我們過去常常嘲笑的事情變得越來越肆意妄為，曾經好笑的事情也變成一種任性。當一個人越來越世故，他的康乃狄克州的公民的儲備意識就越強烈，那麼，他對自己孩子長成成人的理想的破滅就越徹底。當他專注於那些如曼陀羅般開始茂盛生長的虛擲光陰的無意義的行為及粗鄙的虛榮時，（而昨天，在那費盡心血的預言的景象中，他看見美好而有價值的萌芽），他的心因為失去安寧而焦慮痛苦的扭曲。這個事實給個人帶來深深的哀愁，以至於他在懺悔的時候都不敢與他人分擔，所以他將自己的悲哀深埋於心底，努力地將它隱藏起來，隱藏到自己也發覺不了。

所有母親寧願跪在自己的膝蓋上努力地擦拭廚房的地板，也不願面對那個充滿諷刺的孕育的產物——向那個十七歲的留

著劉海的冒失的小鬼求助，想都不會去想──那個在前面的小客廳亂彈著曼陀林琴，對著那些紙花，六把蓋著絲絨的椅子和一個會客沙發而沾沾自喜的小鬼。

後來的海軍少尉萬德比特據說曾說過：「我有超過一打的兒子，沒有一個值得去詛咒。」我擔心每一位父親在兒長成成人後的某些時候都會發出同樣的感慨，句子的長短可能在數量上會有所精簡，語氣會因一些感嘆詞的使用而變得柔和，但這並不能真正地消減他哭喊時的苦痛，特別是在他看到自己對孩子的夢想在一遍苦惱的淚水之中破滅的時候。

所有的擔憂都是源於懼怕本性對於夢想中的夢想不能自然而然的實現的懲罰。吉尼·傑奎斯·盧梭，在孩子研究上寫了如此漂亮的文章，卻回避了將自己的孩子放進收容所的失敗的危險；幾個「協會」從此安置一定的婦女成為那裡所有的孩子的母親，養育他們，照顧他們，奇怪地是，這些孩子表面上看來並沒有失去什麼。貝勒米預言有一天父母親的憂慮都將會被轉移到一個「委員會」上去。

但憂慮是徒勞和無意義的，出生常常是一件盲目的事情，它不會做出任何的等待。人不只擁有「七歲的年齡段」，還有很多其他的年齡段，他必須經歷了此階段才會迎來下一個不同的階段。這位海軍少尉當然如老馬般具有豐富的閱歷，如果他關於個性的概念能更加清楚的話，他也許就會意識到他的兒子們的不同方面的能力，稍加培養，他們可能會比他本人更偉大。

然而，他的大兒子，「因為無法勝任處理事務」而被流放到長島農場，僅僅依靠一份微薄的養老體恤金過活。也是這個兒子曾經必恭必敬地詢問少尉能否允許自己用第五大道穀倉外面堆積了一年的混合肥料。「就一擔，沒有更多的了。」這個父親冷冷地說。於是威廉召集了二十隊人馬，將整堆的肥料裝在河裡的船艙中。真是巨大的「一擔」啊！當這位少尉父親見到自己的兒子如此行事後，說道：「這個男孩沒有我想像中的那麼笨！」這個男孩四十五歲的時候，他的父親在死之前將自己用不了的金山銀山都遺贈給了他，畢竟裹屍布上面沒有口袋。而後，他用自己的實力證明自己的能力，身為成功的金融家他證明了自己的觀點，幾年後不久他讓上百萬的資金翻了倍，在他的管理下，他父親曾經手的事業馬不停蹄地向前發展，蒸蒸日上。

西華德的父親是位醫生，和平時期的法官、商人，佛羅里達的山村和橘子郡及紐約的大眾第一公民。他對自己的兒子威廉的信心遠遠超過萬德比特對自己兒子的信心。西華德的父親讓他受教育只是因為他不夠強壯不能工作，而且這個男孩不會有好結果似乎成了公認的看法。為了訓練他，父親將這個小夥子送進大學，只給他少得可憐的零用錢，以至於這個小子曾試圖逃跑去教導學校就為了從讓人丟臉的經濟困擾中解脫出來。這裡有一條最具證明力的證據，這個年輕人身上有優秀的胚芽，但是他的父親視這些為墮落的影子，還曾寫警告信給年輕的學校老師的朋友威嚇他們「不要給無賴提供避難港」。

一年一年就這樣過去了，父親的不信賴卻沒有絲毫的改變。這個男孩變得瘦削修長，他的頭髮成亞麻色，大大的腦袋對他的身體來說顯得失去比例。他以特定方式受到的大量的膚淺的教育讓他萌發當一名律師的想法。他似乎意識到如果他想要成功就必須從父母的管束中逃脫出來，遠離那些每天的絮絮叨叨。

　　他的強烈的欲望是「走出西部」，這個期望中的特殊客觀地點就是紐約的奧本。

　　父親給了他五十美元作為啟程費用，還附帶上一句結束語，「我希望你不要很快就回來」。

　　就這樣年輕的西華德出發了，懷揣著遠大的理想和堅定的決心，他暗暗發誓要讓父母失望，自己絕不會再回去！

　　他搭乘蒸汽船到達奧爾班尼，再轉乘豪華港灣郵輪，那迎風飛舞的旗幟上面繡著金光閃閃的大字，「哦，西部！」

　　他偷偷地告訴我們當他踏上這座「內陸宮殿」時，他想起自己三年前寫的一篇學位論文，證明德‧威特‧克林頓的將哈德森和勒克結合在一起的幻想是一個有關陶土和纖維的主意。但這座內陸宮殿載著他平穩安全的前行。他抵達了奧本，並沒有寫信向家裡要錢而是還了自己借的錢。他的父親，這位各方面都非常的出色，智力超群的老人，接下來的歲月中就是注視自己的兒子在美利堅聯邦參議院的風雲生活。

對父母而言的一條箴言就是：不要擔心你的孩子。你自己也年輕過，即使你忘記了這個事實，男生就會成為男生，女生就會成為女生 —— 但並非永久不變的。耐心點，記住現在這一代已經不是需要大人牽著前進的一代了。每一代人都有自己的特點，卻又有著與上一代的相似之處。「走過歲月的父輩們」都應該相信：「上帝在天堂注視著我們，這世上的一切都是井然有序的。」

西元 1834 年，西華德成為紐約州長的輝格黨的候選人之一。但他被 W‧L. 馬西打敗。四年後他再次以候選人的身分與馬西參加競選，以占大多數的一萬票將馬西打敗。

那時，西華德有 36 歲了，有望成為一名州首席律師，但為了接任州長一職他作出了巨大的經濟犧牲。

西華德是一位有著積極想法的人，雖然行事方式上並不專橫，但卻擁有一種微妙的力量能夠洞悉別人欲望的漏洞從而改變別人的想法。開庭前，他的平靜而堅定的對於特定思路的堅持經常左右著判決。緊緊地毫無疑問地抓住某一點的能力是他醒目的辦事手段的體現。任何能夠輕易地駕馭別人的意願及意志的人總是最先讓人感到害怕，然後是徹底地憎恨。

西華德的一項最初的為成為州長的措施是確保普通學校的教育的普及，深入到每個年級的學生中，特別是大城市裡的外國人口。為了這個目的，他提倡將公共基金分配到所有的學校以實施該政策；如果今天他還健在，就沒必要說他不再屬於 A‧

Ｐ・Ａ・或是任何其他祕密社會團體。他對所有的宗教了解太多而對其中任何一種都不會抱完全的信念，但他對天主教會的大臣是一定階層的需求，是其他任何宗教組織無法代替和控制的事實的認可，過於率直，明瞭。這個，和他有連繫的反天主教的組織，給的名譽帶來了汙點，導致他在總統的競選中以失敗告終。西華德對於日常事物的洞察力（因他平和工作的能量的天性而有所牽絆），造成了許多的改變，他努力而為的改變和舉行的改革勢必讓他列於高等政治家的行列。

在他的影響下，大法官法庭關於法律受到限制的問題被駁回了，並且這為憲法的根本變動做好了準備。他開始了地質勘測，才有了那個被稱作「波茨坦暴露」的經典之作，和「麥迪那砂石」的發現，那是他背著地質學家的鏟子到處勘查得來的結果。

透過他的努力，一個安全並普通的銀行業務系統誕生了；他還創立了一個精神病院，在他擔任州長的第一屆任期裡，這是他建立信用度的最佳項目。但是有一種改變是被證明了很了不起的，即使對於他這樣的大將之才來說。我們知道，「精神失常」這個英文單詞是有「月亮」這個詞發展而來的，在過去，人們認為月亮對各式各樣的人的神智起到了深刻的影響。就是在現在，也還有一些地方的人們仍然抱有這種思想，還認為，如果風是從東邊吹來，月亮會長出一個觸角，你甚至可以在那上面掛一隻熨斗，人們常常側目而視，卻不讓孩子們這樣做。

西華德認為，瘋狂的人只是指那些患精神病的人，「醫院」對他們來說是最適當的地方。但古典主義者反擊他說，「不，不，威廉（指西華德），您做很多事都有您的方式，但是現在我們也有我們的方式。」我們正式作出這個改變用了足足一個世紀的時間，然而山上的普通老百姓仍然拒絕批准它，並且願意維持下去很多年。

　　那是在西華德的管理期間，「債務人監獄」被廢黜了，同時，在他的極力爭取下，關於擁有奴隸的最後的法律從紐約州的立法叢書中廢除掉了。

　　關於奴隸制的問題在「維吉尼亞紛爭」中得到最詳盡的體現。這封有趣的書信在許多的公立圖書館裡都能夠看到。這是紐約州長西華德和維吉尼亞州長之間的一系列信件，裡面有關於兩個紐約人，他們因為拐賣奴隸而受到維吉尼亞州長的控告，西華德提出了他的獨特的觀點，並且用最有禮貌的語言，用一大堆的理由反駁了維吉尼亞州長。他說那兩個人被指控拐賣奴隸，而在紐約根本就沒有叫作奴隸的東西，沒有人可以解釋什麼是拐賣奴隸——因為奴隸根本就不存在。

　　然後維吉尼亞州長承認奴隸在紐約不能被拐騙；但他進一步解釋說在維吉尼亞，奴隸制合法的存在著，如果奴隸在維吉尼亞遭到了拐騙，不能因為它的地理位置改變了就否認它的犯罪事實。西華德是邏輯學王子：微妙的推理和犀利的言辭使他的愛好，雖然在整個「維吉尼亞紛爭」過程中沒有可見的笑容，

但是我不得不認為當他到處尋找理由來應付這個維吉尼亞第一家庭的時候，他的袖子裡都灌滿了笑聲。而且同時，請不要忘了，是他讓涉嫌誘拐的人脫離了危險而處於安全境地。

在這些書信中，他讓自己扮演著廢奴主義者的角色；從那時起，西華德的名字就被列為復仇的楷模。他從此就一直熱衷於這個事業，在後來他表達了他對於這個事情的情感，直到西元 1865 年，他一直這樣說，美國不能再存在半自由和半奴隸了。它要麼是一個只有奴隸主和奴隸的地方，要麼是一個自由人的國家 —— 他充分地、清楚地表達了他的態度。

在西元 1840 年，他重新被選為州長。第二屆任期和第一屆一樣，他推行了一系列的改革政策，推動了公共進步。

在他的第二屆任期結束的時候，西華德發現他個人的事情還處於一個相當不穩定的情況，他的工作崗位上的費用超過了他的收入。他曾經對共和國了解得很透澈，雖然他是個哲學家，但是他還太年輕以至於不知道他的那些善行的經歷不是獨特的，這個事實他在後來的歲月裡充分體會到了。因此他作了很人性化的事情 —— 宣稱他意圖永久地從公共生活退休。

有一次他回到了奧本，許多客戶圍繞著他，他又操起了他的商業。然而我們發現在他的腦袋裡仍然揮之不去的還是公共事業。關於國家政策的一些複雜問題需要他來作出決定，他去了俄亥俄州和密西根州，去關心那些奴隸的事情。可以用於這方面的費用很少，而且得不到什麼榮譽，但是他的心卻始終熱

衷於這個事業。

在西元 1844 年，在亨利‧克萊選舉總統的時候，西華德擔任他這邊的代表，熱心地為他爭取選票，因為西華德認為，克萊的競選肯定會帶領全國人民走上解放的道路。

在西元 1848 年，他又以同樣的力量支持了泰勒將軍。當泰勒被選舉了後，被證明了反對他的人當中有大部分是來自南方的，包括參議院和眾議院。政府於是了解到需要爭取參議院中人士的支持 —— 能站在他們的角度看問題的人，在必要的時候勇於與同在政府中與他們作對的人奮起反抗的人士，勇於與那些讓他們感到迷惑或困擾的人不倦地進行車輪戰的人士。

華盛頓發來緊急請求，要求將西華德派去美國參議院。在西元 1849 年，他被選為參議員，並且開始成為了最受信任的政府黨派的領導。

在西華德選上參議院成員之後，泰勒總統死了，副總統菲爾‧莫爾（有幸住在紐約東部歐若拉村莊的人）繼承了這個職位，但西華德仍然是反奴隸制黨的領導。

西華德擔任美國參議員的第二任期在西元 1861 年結束了。在西元 1855 年。當他的第一屆任期到期的時候，曾經有人做了非常多的努力試圖反對他的重選。他的頑強並且持續的反奴隸制的職位導致他遭到北部和南部的痛恨。他被認為是「帶有煽動性的鼓吹者和危險人物」。

但是儘管有人反對，他還是又重新回到了華盛頓政府。他小小的個子、瘦瘦的身軀、溫文爾雅、聲音很低沉，他被認為是賓夕法尼亞大道「閱讀最多，最有遠見的人」。

　　那些常常受到誹謗和別人的熱烈譴責的人，通常是相當好的人物。比起美好的讚美，他們更需要某些人民的誹謗。並且被人恨的人也有愛他們的很好的朋友。因此才有補償法律存在的意義。

　　在西元 1856 年，有一支小隊伍支援西華德當選總統，但是管理這樣一個人民的首要辦公室的想法又迅速被否定了；並且西華德知道自己太清楚這個世界的變化規律，因此很嚴肅地考慮這個事情。

　　但是在西元 1856 年到西元 1860 年這段時間裡，是思想動盪不安、認真思考的幾年，認為奴隸制僅僅是一個地方問題的想法得到了抑制。沒有奴隸的北方擦著她的惺惺睡眼，問，誰是西華德？信仰逐漸在人們心中滋長，西華德、加里森、薩達姆、和菲力浦被認為是自我追求的鼓動者，還有許多人稱他們是真正的愛國者。在每一個小鎮和城市，在每塊北方的土地上，政治俱樂部被建立了起來，他們戰鬥時的喊殺聲是「西華德」！它似乎可以得出一個結論，西華德將成為下一屆的總統。當在大會上見面的時候，第一輪的投票結果顯示了 173 位選舉人投票給西華德，120 位選舉人投給林肯，其餘的人都只是少量的票數。但是西華德的朋友對所有的人作了統計 —— 沒投票

給他的都是他的反對者 —— 而林肯的支持者卻是一個未知的數量。

結果出來了，林肯被提名了，西華德收到這個消息的時候，他正在他奧本的圖書館；知情人告訴我們說他在那裡大聲地哭了，並且在門柱上雕刻的獅子身上流灑下了淚水。西華德知道那些反對他的人的名字，但他那嚴格的道德特質決定了他只有在心底默默地承受這個有人在背後操縱的會議的結果。他的生活座右銘是：為意想不到做好準備。也許是他門柱上的獅子流了眼淚，也有可能是他的家人在那哭泣 —— 但決不會是西華德。

他參加了支持林肯的一支熱誠與活力的隊伍 —— 遊歷了整個西方，到處向人們打招呼，向候選人顯示他這個對手的熱情。

當消息到來說林肯被提名了的時候，西華德對他的妻子說：「他將被選上，但他將必須面對最巨大的困難，並且承擔最巨大的負擔，那都是一個人從未承受過的。他將會需要我，但是親愛的，我不會屈服於他之下。我要麼就當頭兒，要麼就什麼都不當。」

林肯認識西華德，但西華德並不認識林肯。並且在那次大會以後，林肯去了東部。從芝加哥到水牛城需要兩天的時間，而且那裡沒有可以睡覺的汽車；林肯然後又從水牛城去了奧本 —— 又是一天的旅途。林肯穿著他常穿的那間防塵大衣，戴著一頂高帽子，穿得不算好。他打電報告訴西華德他來了，

並且，當然，西華德在奧本車站與他會面了。林肯獨自下了汽車，無人跟隨，提著他的氈製旅行手提包，手提包是自製的，上面繡著林肯名字的兩個首字母「A·L.」，出自菲尼·安娜麗蓓嘉·陶德之手。

西華德和他的兩個兒子 —— 威廉和弗雷德里克 —— 與准總統見面了，並且男孩們還嘲笑這個六尺五寸剛下車的人滿身灰塵、又顯得哀傷和膽小。

馬車在外面等著，但林肯拒絕乘坐，他說，「男孩們，我們步行吧！」然後他們爬上了山，經過了那個上面刻著流淚獅子的石柱。西華德走到前面，對他妻子說：「親愛的，我們看錯了這個人。不要笑。他是世界上最偉大的人！」

三個月以後，西華德因為被任命又與林肯在芝加哥見面了；並且從那時起，直到林肯死去，西華德用他的手和腳，用他的眼睛和耳朵，以及他的腦袋和靈魂全心全意為他的領導服務。當林肯被選舉上了總統以後，他立即明智地宣布西華德為他的國務卿。在那些困難時期，西華德為他的國家所奉獻出的一切都生動的存在於人民的心裡，林肯尊敬這個人，因為他補全了他自己的需求，所有這些都是最值得我們珍藏的記憶。在林肯的第一內閣，西華德是唯一一個一直支持他並伴隨他進入第二屆的成員。

在西元 1865 年 4 月初，西華德碰到一次非常嚴重的事件，從四輪馬車上摔了下來，撞到了路邊的石頭上。一條胳膊和

兩個下頜都骨折了，除此以外，身上其他部位也有多處嚴重擦傷。在 4 月 13 日，林肯從他去里士滿的途中返回，雖然他與格蘭特約好在那會面。那天晚上，他從白宮一直走到西華德的住所。這個全身纏滿繃帶的人根本無法講話，但是林肯，坐在他的床邊，拉著他的手莊嚴且嚴肅地告訴他戰爭的結局；講他的所見所聞；講他接下來的打算，以及怎樣才是為一個民族療傷的最好方法。

五年之前，這些人是作為敵手站在世界面前。然後他們伸出了手成為了朋友，在四年衝突期間，每天都看見血淋淋的事實，關於每一個重要細節的建議和意見不停的被提了出來。他們的看法經常不同，但都坦誠相對，重要的是，他們所害怕的、所擔心的，以及所希望的都是統一的。

最後，戰爭的煙火終於熄滅了，他們贏了。勝利作為換取驕傲的吹噓或自負的歡喜的代價實在是太昂貴了，但勝利終歸是勝利。

林肯親切而有力地講述著，這個受傷的人也只有稍稍按壓一下他的手指以示回應。

最後，護士出現了，並告訴林肯探視時間到了；他半開玩笑的為他的長時間逗留而道歉，還說有一個桑加蒙國的人曾經和他說不相信好消息可以代替藥物。並且還有謠言說，他彎下身子，然後親吻了病人的面頰。最後才離去。

第二天晚上也是這個時間，一個男人來到了西華德的家，

說是醫生讓他來送信的。在沒被允許進入病人的房間的情況下，他掏出一把手槍試圖向看門的西華德的兒子開槍；但是被擋開了，他又用重武器打碎了那個年輕人的頭蓋骨，並且跳過他的身體用匕首刺向了西華德那消瘦的身軀。又在這個幾乎垂危的人的臉部和喉頭和胸部刺了十多刀，然後他認為完成了他的使命，迅速地離開了。

同時，命中註定的是一種因果報應，想想如果每個人都是會死的，因為有人痛恨更容易招致刺客的子彈——於是林肯死了。

幾個星期過去了，頑強的生命力一直盡職盡責地為西華德服務著，沒有放棄他的生命。他這種類型的人是很難被殺害的。

在一個美麗的五月天裡，瘦削的西華德由太太推著來到了陽臺，看著凱旋的軍隊穿過賓夕法尼亞大道，士兵們頭戴閃閃發光的鋼盔，身穿褪色的藍軍裝。謝爾曼摘下帽子，駕車來到西華德得家門前，向他致敬了，然後又加入他的隊伍中去，許多士兵也跟著那樣做了。

健康和精力慢慢地重新恢復了。那天是開心的一天，在他坐在椅子上被抬去聯邦祕書部的辦公室，再次開始他的工作的時候，他感到由衷地高興。已是另一屆總統了，但聯邦祕書部的位子仍然由他坐。

西華德從那以後又任職整整 11 年，似乎他已經耗盡了所有的精力，可以說是殫精竭慮，嘔心瀝血。但他眼中的光輝從未

消失過，他那自豪的頭腦也未曾失去他自有的鎮定。

　　他去世時還在辦公室伏案工作，在他的精神逝去的那一刻他的神志和意識同樣是清醒的。

# 第十二章
# 亞伯拉罕・林肯

Abraham Lincoln，西元 1809 ～ 1865，亞伯拉罕・林肯是美國南北戰爭時期的總統，為廢除奴隸制建立了不朽功勳，是美國人民心目中最偉大的人物之一。馬克思曾高度評價林肯：「他是一個不會被困難所嚇倒，不會為成功所迷惑的人，他不屈不撓地邁向自己的偉大目標，而從不輕舉妄動，他穩步向前，而從不倒退……總之。他是一位達到了偉大境界而仍然保持自己優良品格的罕有人物」。

世界不會注意或長久記憶，我們在這裡所說的，但永遠不會忘記他們在此所做的。我們生者，更是應該奉獻我們自己，去繼續他們取得了壯麗的進展卻尚待完成的工作，我們更是應該奉獻我們自己於前面偉大的未竟事業：光榮的死者，已經竭盡他們最高的忠誠，我們應該在這事業上更加忠誠。我們在這裡下定決心，那些死難者不會白白犧牲；我們的國家將在上帝的護佑下獲得自由的新生；我們民有、民治、民享的政府也將永世長存。

—— 亞伯拉罕·林肯

不，親愛的，我認為我的兒童時代與其他的健康的鄉村小孩沒有什麼兩樣。我曾經聽過這樣的民謠，說兒童時代也有它的苦惱，但是對於鄉村小孩來說苦惱不會持續太久。年輕的鄉下人喜歡跑到外面去，將他的苦惱告訴小鳥，告訴花朵。花兒會向他點頭微笑，當太陽落山的時候，知更鳥在高高的白楊樹上唱歌，告訴他每個人都有自己的苦惱，於是也就什麼都理解了。

我有點為那些在大城市裡長大的孩子感到惋惜，他們的童年不是屬於自己的。喜歡的小箱子總是有禮品帶包著，員警總是拿著警棒到處巡查，標語上永遠寫著：「遠離草地！」說是保護他們心靈的純淨，但是所有的這些對於幼小的心靈來說是多麼可怕的事啊！

去年夏天，愛斯·華德把六個「純淨的空氣」送到我的農

場。他們到來後的一個小時，其中的一個大約五歲的小女孩，已經將自己定位在他們的女王的位置，跑進屋大喊道：「告訴你，先生，吉米‧德來斯考走進草地了！」

我至今還清楚地記得我第一次看見「遠離草地」的標語時的情景。那是在印刷的書上；事實上它不是一個真正的標語，只是一個標語的圖片，而我能為它找到的唯一藉口就是可能那裡有蜂巢，主人是一個善良的好人，設立一個標語是為了不讓光腳丫的孩子被蜜蜂叮或被石頭刺到。現在我再也沒有見過這樣的牌子，但是我會時刻確保我自己腳上是否穿了鞋子。

讓他們在鄉村中自由自在，孩子們與大自然的心貼得更近了；他成了樹的兄弟，能叫出所有的植物的名字。他極具想像力，還沒有從幻想中擺脫出來，認為世界上一切都是美好的，習慣於靈魂的歌唱與翱翔。

我們年輕的時候，總是喜歡神奇與神祕的東西。我們生活的世界不斷給人帶來驚喜，我們對於未知的追求是永無止境的。如果人們在清晨談論《約伯記》，一定會帶著不可思議的語氣：「上帝將北極鋪在空中，將大地懸在虛空。」

我老了，親愛的，真的老了。在我年輕的時候伊利諾還是一片大草原，那裡的野草在微風的吹拂下波浪起伏，就像夏日的海洋。「親戚們」全家出動，坐著笨拙的四輪馬車，從很遠的地方趕去看望表兄，待上兩天一夜。那時候總是喜歡讀書，那時候海獺和水牛還沒被滅絕，那時候很多的野鴿子從烏雲中飛

出來，那時候的輪船是桑加蒙級航空母艦，那時候的主教辛普森總是到處鼓吹，那時候的地獄僅僅代表一個地方，而不是一個理論，天堂則是一個人們住在那裡不用工作的地方。那時候的芝加哥報紙賣 10 美分一份，那時候的棉布五十美分一碼，我的襯衣是由一個麵粉口袋改裝的，是傳說中的「XXXL 號」，而我穿上它覺得很驕傲，還炫耀說「需要 50 英鎊」！

早上通常煙霧繚繞，因此我們總是起不來，在農村民間流傳這樣一句話「早睡早起讓人身體好、有財富，而且聰明。」我們沒有很多財產，也不是很聰明，但是我們很健康。除了早起的那點不愉快，我對白天的事物都充滿了好奇，不管是在穀倉裡，還是在鋪了灌木叢的酒窖裡。一旦下起雨來，閣樓又成了一個值得我們探究的地方。

個人的進步反映著一個民族的進步。在世界的早期，人類還是無知和自由的，但是一但有了自我意識以後，人們開始「了解自己」。

然而知識通常來自於意外，就好像化學家要將瓶子砸碎了才能發現它裡面含了稀有水晶。我們常常承受著痛苦長大。

我清楚地記得我被丟出我的伊甸園的那天。

我的父親母親帶著小弟弟坐著馬車離開了，而我就留下來照顧我的姐姐。那是一個暴風雨的日子，空氣中彌漫著濃濃的霧，雨下得不是很多，只是不停地捲著狂風，烏雲一片挨著一片，布滿了天空。

大草原上的小房子非常安靜，只是偶爾當狂風吹來，敲打著窗戶，門發出嘎嘎的響聲。早晨好像延長了，遲遲沒有過去，這讓我覺得好矛盾；我想讓它快點過去，因為下午我的姐姐會帶我去一個地方，是什麼地方我還不知道，但是她答應過我很多次一定會帶我去一個地方的。

時間一點一點的過去，我們來到了一個小亭子，將眼睛直直地盯著綿延的大草原，看看是否有人到。外面下著大雨，在草原上，要麼是大雨下個不停，要麼就是雨水太少了。有時候鬧乾旱，有時候又漲洪水。野鴨在池塘裡嬉戲，到處黑壓壓的一片；成群的鵝排成一個 V 字，又有黑雁扯著嗓子大喊大叫，在泥沼裡伸著脖子，跳著莊嚴的小步舞曲。

我們一遍又一遍地看著等待著到來的人，於是我開始大哭，擔心我們被上帝遺忘在那裡。

最後我們走到馬廄，為了能看得更遠，我爬上了高高的草堆，姐姐也跟著我爬了上去。但我們能做的仍然只是四處觀望。

「有人來了！」姐姐大聲喊道。

「有人來了！」我附和說，並高興地使勁拍著兩隻紅紅的、粗糙的小手。

在大草原數裡以外，有一排馬車，大約有十幾輛，一輛挨著一輛。我們一直望過去，直到能認出我們自己的白馬鮑伯，然後我們順著草堆旁邊的胡桃木杆滑了下來，跨過軟綿綿的草地，來到一個坐落在半英里外的小丘上的一座墳堆。

我們在隊伍到達之前趕到那裡，看見一個大洞，洞從地上挖出，洞角是方的。裡面有一半是水，有一個男子打著赤腳，褲子捲到膝蓋上，正在辛苦地把洞裡的水舀出。

馬車開動了起來，又停了。其中四名男子從車上下來，拿起一個長盒子，將它放在那個洞旁邊，那名男子還在那裡舀水。盒子被打開了，裡面是矽‧詹森。矽躺在裡面一動不動，他的臉很藍，而他的衣服很黑，只有襯衫是白色的，他的雙手交叉著放在胸前，就是這樣，大家就在這僵硬的手指的面前舉行著新聖約儀式。大家都看著藍臉，而婦女們小聲地哭著。男子脫掉身上的帽子，而牧師做著祈禱，然後我們齊唱：「將不會再有別離」。

然後盒子被釘上了蓋子，又從站在兩旁的軍隊的鎧甲上卸下一些繩子捆住這個大盒子，最後被丟入還有水的洞裡。那幾名男子拿起鐵鏟，土塊被丟進洞裡，發出叮叮噹當的回聲。他們鏟得很難賣力，將洞填起來，然後又用泥土堆起來，最後用鐵鏟背將土堆到處敲平。

每個人都等到這一切都完成，然後才坐上馬車離開。

那天晚上有十幾個人來我們家共進晚餐，牧師也來了，他們都在談論那個死去的人，以及他是怎樣死的。

就在兩天前，這個叫矽‧詹森的人還站在他的門口看著外面正在下雨。已經連續下了三天雨了，搞得他們無法犁田，這讓矽很煩惱。除了這個，他的兩個兄弟都被應徵入伍了，離開

了他去了部隊，將家裡所有的工作都留給了他一個人。他沒有參加戰爭因為他是「美國內戰時同情南方的北方人」；當他站在門廊看雨的時候，他嘴裡嚼著煙草，發了一個可怕的誓言。

他的話剛剛從他的嘴巴裡跳出來，這時候一個令人眩暈的閃電一閃而過，他突然像一堆燕麥攤倒在地。

他死了。

他的死因是什麼？是因為他是美國內戰時同情南方的北方人？還是因為他嚼著煙草？或者因為他的誓言？我不知道。我等著在他們的談論的間隙問一下牧師那個人的死因，牧師輕輕地拍著我的頭說是「上帝的懲罰」，他希望我長大成為一個好人，既不要嚼煙草，也不要隨便發誓。

這個牧師現在還健在。他已經很老很老了，留著長長的白鬍子，我再也沒有見過他，不然我一定會忍不住向他請教我的疑問，就如為什麼矽‧詹森會被雷打死的真相。

然而我認為是因為他是一個美國內戰時同情南方的北方人：所有的這類人都嚼煙草和發誓，但是再沒有人遭受到他這樣的命運，相反，活著的同情南方的北方人增加了一倍。

那對於我來說是一個重要的日子。就像有的人一夜之間頭髮從黑變成白，我不再是一個孩童，而是有了一次大的飛躍，對於世界上的事情，都有一種強烈要求去了解的願望。

這裡發生了戰爭。它什麼時候開始的我不知道，但是我猜

想一定是非常可怕的事情。我閒下來的時候就會想起這些，晚上也做噩夢。許多人因為戰爭死去了；每天有許多人逃走，他們都前往南方，永遠的南方。

所有的逃跑的人經過這條路的時候都會停下來在我們的井裡喝水，先將水桶從井裡拉上來，然後喝個精光，還將水含在嘴裡互相噴水。他們看到我父親的醫生的代表，於是唱了起來，「老媽媽哈伯德，她朝著櫃子走過來。」

他們都這樣唱著。他們是如此的高興，彷彿要去參加野營一樣。他們中間有一些人過幾年又回來了，可是沒有那麼快活了。還有一些人就再也沒有回來。

貨運列車往南方去了，車裡的人、車頂上的人、車艙室裡的人，以及列車機車前的排障器上的人，都是朝著南方去的，永遠都不會是北方。因為「南下」的有許多是叛亂者，在沿路還有許多的支持南方的北方人，他們都想來北方殺我們，因此士兵們也必須南下與他們進行戰鬥。

而讓我感到異常驚奇的是，如果上帝討厭支持南方的北方人，就像我們的牧師說的矽‧詹森一樣，那他為什麼不將所有的這類人都用閃電打死，就像打死矽‧詹森一樣，只需一秒鐘。然後人民所能做的也只有將他們送到醫院，以確信他們真的死了，再請一個牧師來做祈禱，鄰居們將會穿上他們的最莊重的黑色禮服，將他們的雙手合十放在胸前，然後又有人將他們埋葬，用泥土將他們掩埋，然後堆成一個小丘，最後還會用

鐵鍬的背輕輕地敲打，然後才離去，將他們留在那裡直到末日審判的那一天。

美國內戰時同情南方的北方人其實就是恨林肯的人。他們共同的名字本來是一種蛇，這種蛇比響尾蛇還要毒，因為響尾蛇還會發出響聲以示警告。響尾蛇是屬於公開的敵人，但是你永遠也不知道你周圍的人是一個支持南方的北方人，除非他向你襲擊過來。他躲在他的巢穴裡等待著時機，「他是最毒的毒蛇。」

斯普林菲爾德的亞伯‧林肯與那些試圖破壞國家團結、散布危險的反叛者進行抗爭。支持南方的北方人是北方的叛徒，是與反叛者站在一邊的。社會被分為兩派一派是支持亞伯‧林肯的，另一派是與他唱反調的。我所認識的和我愛的人，他們都愛亞伯‧林肯。

我出生在伊利諾的布魯明頓，這當然不是我自己選擇的，布魯明頓是一個相當有名的城市因為她是共和黨的誕生地。我一歲的時候就說服我的父母搬到哈德森村莊以北七英里的地方，那裡有五座房子，一個教堂，一個倉庫，還有一個鐵匠鋪。我認識的很多人都認識林肯，因為他每年都要來布魯明頓好幾次，到處視察，還做過好多次的演講。他來的時候喜歡講發生在亞士厘家的故事，當他走後，這些故事被人們到處傳誦。其中有一些故事是特別神祕的，因為我們有了公司之後，我聽到母親提醒父親不要再在飯桌上講「林肯的故事」了。

有一次，林肯在基督長老教會教堂就「人類的成就」發表演講的時候，那裡除了牧師、我阿姨漢娜，和教堂司事在場，另外一個人也沒有。

我叔叔伊萊休和我的阿姨漢娜對林肯非常了解。還有傑西·費爾、詹姆斯·卡克林、法官大衛斯、將軍歐姆、倫納德·斯威特、狄克·耶特，以及其他許多我認識的人都非常了解林肯。他們從來不叫他「林肯先生」，而是親切地稱他為亞伯，或者老亞，或者簡單地稱亞伯·林肯。在那個新建的國家，人們通常只叫別人的名，尤其是當你喜歡那個人的時候。而當談論到這個人的時候則稱「亞伯·林肯」，在他們的聲音裡可以聽到帶有驕傲和尊敬的情感。

有一次，我在我阿姨漢娜家的時候，法官大衛斯也在那裡，他讓我坐在他的膝蓋上。數年後當我向羅伯特·英格索（譯者按：美國政治領導者、演說家）炫耀說我曾經坐在大衛·大衛斯的膝蓋上的時候，英格索上校居然笑著說，「現在我知道了，你是一個騙子，因為大衛·大衛斯根本就沒有任何貪婪之心。」那次會面讓我印象最深刻的就是我知道了這位法官真的是沒有任何貪婪之心。（譯者按：在英語中，膝蓋同時也可以表示貪婪地接受。）

在法官大衛斯走後，漢娜阿姨說：「你必須永遠記住法官大衛斯，因為是他造就了亞伯·林肯。」

然後我問：「為什麼？我還以為是上帝造就了林肯呢。」他

們都笑了。

稍微停頓了一下下之後，我的好奇心又驅使我發問了：「那是誰造就了法官大衛斯呢？」然後伊萊休叔叔回答說，「亞伯‧林肯。」

他們又都笑了。

需要召集許多的志願者。鄰居和鄰居家的男孩子們也被招募了去 —— 作為亞伯‧林肯的支持者。

有一天，我的父親也去了。許多的鄰居都和我們一起去火車站為他送行，他坐四點鐘的火車離去，我們都哭了，除了母親 —— 她一直忍到回家才哭。父親去了斯普林菲爾德，當了一名軍醫。三天後他回來告訴我們說他被錄用了，而且在一週之內就會被編入團，直接上前線。他一直是一個善良的人，但是在他等待著被安排何去何從的這一週裡，他變得比以往更加溫柔和善良。他囑咐我說在他不在的時候，我必須承擔起作為這個家男人的責任，照顧好媽媽和姐姐，不要忘記每天早晨要餵雞；我答應了。

這一週的週末，一個從斯普林菲爾德寄來的大信封到了，角落裡的署名是「官方」。

母親沒有打開它，就讓它放在桌上，等著父親回來。我們都緊張地看著它，我的姐姐用她那毫無光澤的眼睛直勾勾地盯著看，然後飛快地跑出房間，圍裙都飛到了頭上。

當父親騎著馬回來的時候，我跑去告訴他信封來了。

我們都屏住呼吸，站在父親的身後，看著他拆信封。他拿出信，靜靜地看著，然後遞給了母親。

　　現在這封信還在我的手裡，上面說道：「大家都不介意有靜脈曲張的人加入，因此纏繃帶變得非常有必要。因此，你的名字，已經入檔案了，我們需要你的服務。」我們都因為靜脈曲張而變得很高興，於是我到處出去和我的玩伴炫耀我們家的榮耀。

　　那以後不久，在「森林」裡有一次大會議。人們從全國各地趕來參加。主要發言人是一個叫英格索的人，他是軍隊裡的上校，他這次回家僅僅只有一兩天的假期。人們說他是皮奧利亞縣最傑出的演說家。

　　清早就有馬車從我們家門口經過，通往小樹林的四條小路都煙霧繚繞，灰塵滿天飛，幾英里以外的人們都可以感覺到數以千記的人們趕到這裡來舉行集會。他們有的坐著馬車來，有的騎著馬來，甚至帶著小孩；兩個人騎一匹馬是普遍現象；還有四匹馬拉的馬車，裡面坐滿了女孩子，她們都穿著白色，舉著旗子。

　　我們所有的人都去了。母親鎖好後門，還在外面加了一個插銷，然後又用鑰匙鎖了前門，把鑰匙藏在門前擦鞋的墊子下面。

　　在小樹林裡，人們都在互相問候、握手，互相傳播新聞。有還幾個士兵也出席了，其中有一個住得和我們不遠，別人叫他「立特‧拉姆奇」。還有三個只有一隻手臂的人，有一個叫艾

爾‧斯威特塞，他也只有一條腿。這些人都穿著藍色，坐在掛滿了旗子的大平臺上。會場安排了一些厚厚的木板，而且每個木板還限制了人數。就在座位的外邊，有好幾百人站在那裡，再外面就是坐滿了人的馬車。幾乎樹林裡的每一棵樹都被拴上了一匹馬，在演講者講臺後面的一棵大樹上坐滿了男人和孩子。在這之前，我從不知道世界上有這麼多的人和馬。

當演講開始的時候，人們歡呼著，隨之變得非常安靜，只有偶爾能聽見馬的叫聲和腳步聲。我們的牧師先說話，然後是來自布魯明頓的律師，再接著是來自皮奧利亞的一位偉人。人們在他站起來的時候比任何時候都要興奮，並且持續歡呼了好長時間，以至於我還以為他們是不想讓他講話了呢。

最後他們靜了下來，於是演講者開始了演講。他的第一句話就提到了亞伯‧林肯。人們鼓掌表示贊同，還有一個人喊出了一句「正直的老亞」。每個人都站了起來，他們都在歡呼，而我，靠著父親的肩膀，也跟著在歡呼。最後大家都沉默了──只有馬的嘶叫聲和腳踏聲，還有一隻啄木鳥在一棵高高的樹上輕叩樹木的聲音。每一個人都豎起耳朵，準備好聽演講者講第一個字。

演講者馬上就要開始了。他舉起一隻手，但是在他剛要張嘴之前，一個粗聲的、沙啞的聲音大聲喊了起來，「為傑夫‧大衛斯（編者按：傑弗遜‧大衛斯為南方聯盟的領導者。）歡呼！」他的聲音穿過樹林，四處回蕩。

「殺了他！」立刻就有人用尖聲的、清晰的聲音回答道。

那個聲音就像來自廣大人群的一個可怕的呻吟。我的父親站在一個座位上，而我已爬上他的肩膀。人潮變得洶湧起來，就象一頭兇猛的野獸，向那個獨自坐在馬車裡的人走來。有人在他周圍揮舞著皮鞭，而鞭子殘忍地落在了兩匹灰色的馬身上。猶如是在練馬場上，馬匹、馬車和高大的男子穿過人群，他麼飛快地奔跑過去，撞倒了好幾個人。一名男子抱住了馬尾。皮鞭抽過，在他的臉上留下了一道裂紋，他倒在了路旁。

馬車裡的那個男人被丟出人群整整三百英尺遠的距離，差不多有一萬隻手想要將他四分五裂。左輪連發手槍的子彈飛了出來，女人們尖叫了起來，孩子們哭著求救。到處都是暴民的喊叫聲。而演講者，徒勞地打著手勢，維持著秩序。

我看到立特‧拉姆奇折下一棵大樹枝，那棵樹上繫了一匹馬，然後他蹲下去，用一把小刀切斷了韁繩。

與此同時，另外五十個人也做了同樣的事情，因為馬從樹林的各個角落飛奔而來，事情非常緊急。馬車裡的人現在還在半里路以外，還在那直直地站著。老練的馬則低著頭跑，讓鼻子和尾巴得以伸展。

騎上被放開的馬匹的騎手很快聚集在了一起，然後以極快的速度飛跑。後面的人群開始變得安靜起來。我們聽見光腳的馬兒爬上長長的、矮矮的小山時發出的答答聲。一個騎著一匹栗色馬的人在後面摔到了。他拽著馬的一邊，然後一隻腳蹬上

馬鐙，使勁蹬栗色馬的側面，馬立即有了回應，朝著前方飛奔而去。

馬車逐漸消失了，然後騎馬的人也都走了。我們仍然觀望著，在大草原兩英里遠的地方我們看見一群正在飛跑的馬，捲起一層沙塵，然後進入了另一個山谷，最後消失在我們的視線裡。

演說者又中心開始了，又開始有了掌聲、眼淚和笑聲。

我已經不記得他們說的是什麼了，但是在講話後，當我們回家的時候，我們碰到了立特・拉姆奇，他就是那個騎栗色馬的人。

他們告訴我們說，在經過十里遠的追逐後，他們抓住了一個支持南方的反叛者，他受了很重的傷，因為他的馬車倒了，他掉到了車下。拉姆奇來叫我父親去看他，看還能不能做點什麼。

然而，當我父親趕到的時候，那個人已經死了。在他的脖子上有一圈紫色的印記：可以判斷出他是穿著鎧甲時受的傷，或是別的什麼原因。

戰爭持續了好幾個月，空氣中的陰鬱負擔逐漸加重。芝加哥的《論壇報》每天晚上在驛站被宣讀，向大家宣告陸地和海上的勝利。然而最值得高興的是對於黑人沒有了歧視；因為我們家附近的教堂裡，為一個農民的孩子舉行了葬禮，那個孩子死

在監獄，被埋在了喬治亞戰壕裡。

我記得有這樣一個青年，他在我們家抽水井喝水的時候，含了滿嘴的水噴在了我的身上，因為當時只有我在那裡。

有一天晚上，驛站長大聲宣讀在蓋茨堡戰役中遭遇不幸的名單，剛好唸到這個男孩的名字。男孩的父親坐在那裡，嘴裡嚼著一根稻草。驛站長支支吾吾，試圖把他的名字帶過去，馬上念下一個。

「喂！你剛才說什……什麼？」

「在光榮的戰役中犧牲 —— 斯奈德‧希拉姆」，驛站長盡量平靜地說。

男孩的父親突然站了起來，全身痙攣。然後他又坐了下去。然後又站了起來，趔趄地走到門口，像一個盲人一樣到處摸索著走了出去。

「上帝保佑他！他將回去告訴那個老太太，」當驛站長這樣說的時候，他用一塊紅手帕擦了擦鼻子。

牧師為這個男孩舉行了一個葬禮，在埋葬他的那個小錐形堆上，他們家人刻上這樣的字：「在光榮的戰役中犧牲，斯奈德‧希拉姆，享年 19 歲。」在那以後不久，一群奇怪的人來到了這裡，他們留著鬍子、穿著褪色的藍衣服。他們受到了熱烈的歡迎；照例在這裡每個星期三晚上要進行祈禱大會，大家一起感謝賜予，感謝上帝讓他們平安歸來，在還提到了他們的同

伴和團隊的名字，感謝他們英明的領導者。集會是為這些歸來的農民所召開的，一共有 20 個隊、50 個人，他們有的老，有的年輕，他們在一天內把一個季節的工作都做完，並且準備好了一年的柴火。在這個時候，婦女們拿出大籃子和食物，擺好桌子，這是個歡快的時候，他們開著過時的玩笑，這一天在為馬兒釘鐵蹄中結束，最後還要唱著《友誼地久天長》。

就在這個聚會上，出現了一個鬼魂 —— 一個細長的、橘黃色的鬼魂，骨瘦如柴，衣衫襤褸 —— 傻笑著，披著一件騎士的戰袍，其他什麼也沒有穿。這個幽靈大約 20 歲，長了滿臉的軟髭鬚，長相不錯，只是滿臉的煤灰，彷彿在貨車裡面靠近引擎的地方關了好幾天。

這個幽靈就是斯奈德·希拉姆。

所有的人都原諒了他帶給我們的震驚 —— 除了主持這個葬禮的牧師。若干年後我還聽見這個牧師在一次洗禮上用悲痛的語氣說：「斯奈德·希拉姆是一個值得信賴的人。」

隨著歲月的流逝，對於我們來說季節的變換已經不是什麼奇蹟了。但是在農村長大的孩子怎麼可能忘記葉子由綠變黃，以及對預示著採集堅果季節到來的第一次結霜的盼望和等待？然後還有第一次下雪，因為可以出去滑雪，還可以追捕野兔，有時候還有熊，或者其他只有在晚上出現的奇怪的動物，人類從未見到過的。

四季都是美好的，我很高興的是我對每個季節都充滿了喜

愛。但是現在她們是以一種怎樣的速度在飛馳啊！她們引起我對過去的懷念，有時候其中有一個會讓我覺得她從身邊經過並且問我：「自從我上次見了你，你怎麼沒什麼改變啊？！」而我只有回答說，「我一直在想你。」

我不需要有人賦予我特殊權利再將我的一生重複一遍。該做的事我現在就能做，而對於過去的重複，我可以閉上眼睛透過回憶將它重現在我的腦海，重要的是做好每一件事。

我們是在談論季節嗎？很好，親愛的，四季交替，循環往復。她們都很有魅力，但是如果你一定要執著地問我最喜歡哪個，那就是春天吧。我只要想到她到來的溫柔的芳香、她的溫暖以及她那慵懶的氣息，我就感覺到美好！

有一段時間，我清早起來然後來到房子外面，雪逐漸融化，感覺到春天已經在舔我的脖子了，然後我興奮地臉頰發熱，衝進屋裡大聲喊道：「春天來了！春天來了！」大家都知道，有快樂就要和別人一起分享。同樂則樂倍之，同憂則憂半之！

這時，我的母親微笑著對我說，「是的，我的兒子，但是別吵醒了小弟弟！」

然後我就跑出門去看著雪先融化成水，然後又順著小溪流向江河，最後再彙集到密西西比河，以至於我們騎著馬兒涉水的時候，水可以漫過馬蹄。

我還記得有一次，橋被沖垮了，所有的人都必須繞道從水

裡過去，有一些人到了對岸弄得滿身泥漿，那樣子真是滑稽！

那一年，第一支「春天之花」開得特別早：紫羅蘭在腐爛木材的南面開花了；蓮香報春花則在沼澤地開了花，這是前所未有的。在小山上，草原的雞昂首闊步地走著，驕傲地叫著。戰爭結束了！林肯勝利了，國家安全了！

快樂是會傳染的！經常來我們家的鄰居們告知說男人們很快可以回來了。戰爭結束了！

父親和母親在飯桌前談論著，男人們在商店裡談論著，地球上、天空裡、大海中……到處有人在高興地談論著，「戰爭結束了！」

但是有一天早晨，父親從火車站飛快地走回來，表情非常嚴肅。我在門廊坐著，父親從我身邊擦了過去，我跟著他進了廚房，我母親正在那裡洗碗，我聽見父親說，「有人殺了林肯！」接著他流出眼淚。我從來沒有見過父親哭 —— 事實上，我從來沒有見過一個男人哭。男兒有淚不輕彈啊！

很快街上教堂的鐘聲響了。鐘聲整整響了一天。三個人 —— 我能說出他們的名字 —— 整天地敲鐘，敲，慢慢地敲，一直敲到夜晚來臨，星星出現。我原本還有點懷疑星星是否會出現，因為林肯已經死了；但是它們還是出現了，我在和父親急匆匆地趕去驛站的時候看見了它們。

那裡有一大群人。在一長排剝了皮的山胡桃木杆上拴了數

十幾匹馬。人們從四處趕來，來打聽這個消息的細節。

驛站的兩邊都有櫃檯，人們就坐在櫃檯上面，他們的腿懸在上面，認真地聽著有人在給他們大聲地念著報紙。我們走進去，經過一些站著的人身邊，父親還與其中幾個莊嚴地握了手。

在窗邊有一個人斜靠在牆上，那是一個高大的、臉紅紅的男人，我知道他是一個支持南方的北方人。很明顯看得出來他喝過酒，明明喝醉了，還在拚命地想站直。在那裡，只有聽到有人小聲地在竊竊私語，還有朗讀者那單調的聲音，他站在人群正中，一手拿著報紙，一手拿著一隻蠟燭。

那個紅臉的人趔趄地向前走了兩步，大聲說道，「林……林……林肯死了……我真他媽的高興！」

走過那個房間我看到兩個男人在和立特‧拉姆奇爭吵著。他們為什麼要和他爭吵我想像不出來，在我還沒弄清楚事情之前，我看到掙脫了那只企圖抓住他的大手。他跳上櫃檯，我看到他手裡拿了一把秤。他只在那裡站了一下，那把秤就直接飛向了那個紅臉人。這個投射物被他的肩膀頂了一下，飛出了窗外。只用了一秒鐘的時間，那個紅臉男人就縱身跳出窗戶，並隨手撿了整個窗框。

「你必須賠窗戶！」驛站長對著黑夜喊道。

驛站裡很快空了，大家都跑出去追，但是那個紅臉人的影子都看不到。夜色彷彿將他們倆淹沒了，同時也淹沒了那杆五

鎊的秤。

經過一段時間徒勞地追逐那桿秤和那個叛逆者，我們又回到了驛站，報紙的朗讀也繼續進行。

這個小插曲讓緩解了人們的緊張，在這一天，在這個驛站，第一次有人笑了。它也讓就快要被悲傷情緒侵襲到窒息的我輕鬆了下來，當我回到家，把這個故事說給媽媽和姐姐聽的時候，她們也笑了。原來眼淚和微笑只有一步之遙。

關於林肯的一生的故事在我在書上看到之前就聽別人講過了。那些人認識林肯，他們認識的人也都認識林肯。我拜訪過他們的家，聽他們說起林肯在我現在坐著的桌邊講過什麼話。我經常聽別人講起林肯的故事，而且他們常常掛在嘴邊的一句話就是「他提醒著我。」那些傳奇由忠誠的賀爾頓、以及忠誠有餘的尼科萊和黑伊講出，而林肯與道格拉斯的辯論則是無人不曉的。

我們總是抱怨自己過得太貧窮，可是如果和林肯的貧窮比起來，我們就會感覺自己是富有的。我睡在一個閣樓上，冬天的雪花會從頂上的木瓦縫裡飄進來，但是我蓋著暖和的毛毯，愛我的媽媽會進來在我額頭上印下一個吻，跟我說晚安。但是林肯在我這麼大年紀的時候就已經沒有了媽媽，而且住在一個沒有窗戶、沒有門、也沒有地板的小茅屋裡，牆角的一堆樹葉和稻草就是他的被子。我們的家有兩間房間，但是有一個冬天，林肯的家變成了只有三面牆的棚子。

我知道他在二十歲的時候就在一家鄉村商店裡當店員，到那時候，他還唯讀過四本書。他穿著破爛的長衫，在晚上專心閱讀別人翻舊了的法律書籍；他要求住到約書亞‧斯必德的法律辦事處，而斯必德也答應他搬進來住。然後他離開了，十分鐘後帶著一個掛包就進來了，把包扔在一個角落，說：「斯必德，我已經搬好了！」

　　我知道他有 20 年的從事鄉村法律的經歷，而且他被認為與同一領域的其他人做得一樣好，並沒有特別的突出，在那段時間，他過著僅僅能夠糊口的日子。然後他逐漸意識到奴隸制的錯誤，經過不斷地增長見識，以致開始遭到對手的嫉妒和敵人的痛恨，他預先地感覺到某種情況將會發生，他說：「分裂的家庭是不能持久的。我相信政府不會永久地承受半奴隸半自由的社會。」

　　我知道他與道格拉斯的辯論，吸引了全國的關注，大衛斯法官評論說：「林肯比美國其他的任何人都具有普遍意識。」然後，主要是在大衛斯法官的推薦下，林肯在芝加哥大會上被提名參與總統的選舉。我知道他的競選，然後戰爭爆發了，經過長時間艱難的抗爭，當朋友和敵人互相圍攻的時候，只有他有足夠的耐心和勇氣一直等下去。然後我知道了他的死訊，他的死亡對我們來說是一個災難 —— 因為那可怕的黑暗讓我們恐懼。

　　但是現在，許多年過去了，我已經能夠理解很多的矛盾現

象，我想他的死也許是他自己所希望的。他的一生都獻給了最崇高、最壯麗的事業，註定了他會遭壞人暗算。他的臉預示著他的結局。

林肯沒有像樣的房子。在那座平凡的框架房子裡，沒有任何裝飾，也沒有庭院，更加沒有家庭的溫暖吸引他。在那座房子裡沒有書房，只是在客廳裡有六把皮毛做的椅子和一張光滑的沙發，以便於和門口站著的警衛相搭配，一張大理石的桌子上放滿了各式各樣的書籍。他只有在沒地方去的時候才回這個家。政治，憑藉它的變化無常和刺激，使得他常常忘記了其他的事情。愚蠢的爭吵、傻傻的驕傲、糊塗的誤解使得他無法深入群眾，而他則時刻牽掛著人民。而最後他將他的所有的時間、他的才幹、他的愛，以至於他的整個生命都獻給了他的人民。命運讓他遠離了他的家，而國家稱他為救世主。可怕的悲劇是註定的結局；因為只有受苦受難的靈魂才能得到大眾的愛。

嫉妒、詆毀、甚至誹謗，都無濟於事，不管是南方的還是北方的人們，無不對他表示敬畏。

關於他的溫文爾雅，他的堅持不懈，他的堅定信念，以及他的偉大且富有愛心的心靈，都是美國這塊土地上的無價之寶。他珍惜所有的，也從不怨恨；他對人民付出真情，也因此收穫了人民的真情。

獻給他崇高的敬意和無限的愛！

電子書購買

爽讀 APP

## 國家圖書館出版品預行編目資料

孤獨與使命，先於天下的政治家之路：開國元勳 × 憲法起
草人 × 政黨創立者 × 常任國務卿，人們未必記得住名字，
他們的功績卻惠澤後世！ / [ 美 ] 阿爾伯特 · 哈伯德（Elbert
Hubbard）著，王瀠萱 譯 . -- 第一版 . -- 臺北市：崧燁文化
事業有限公司 , 2023.09
　面；　公分
POD 版
譯自：Little journeys to the homes of American statesmen
ISBN 978-626-357-606-3( 平裝 )
1.CST: 傳記 2.CST: 政治 3.CST: 美國
785.21　　112013495

# 孤獨與使命，先於天下的政治家之路：開國元勳 × 憲法起草人 × 政黨創立者 × 常任國務卿，人們未必記得住名字，他們的功績卻惠澤後世！

臉書

作　　　者：[ 美 ] 阿爾伯特 · 哈伯德（Elbert Hubbard）
翻　　　譯：王瀠萱
發 行 人：黃振庭
出 版 者：崧燁文化事業有限公司
發 行 者：崧燁文化事業有限公司
E - m a i l：sonbookservice@gmail.com
粉 絲 頁：https://www.facebook.com/sonbookss/
網　　　址：https://sonbook.net/
地　　　址：台北市中正區重慶南路一段六十一號八樓 815 室
Rm. 815, 8F., No.61, Sec. 1, Chongqing S. Rd., Zhongzheng Dist., Taipei City 100, Taiwan
電　　　話：(02)2370-3310　　傳　　真：(02) 2388-1990
印　　　刷：京峯數位服務有限公司
律師顧問：廣華律師事務所 張珮琦律師

定　　　價：350 元
發行日期：2023 年 09 月第一版
◎本書以 POD 印製
Design Assets from Freepik.com